46 47 48
49 50 51
Isola di
San Michele
Canale delle Fondamenta Nuove
9
18
17
8
41
7
53
1
15
23
CASTELLO
2
4
3
MARCO
5
40
Piazza di
San Marco
42
Bacino di San Marco
Punta
della Dogana
35
Isola di
San Giorgio
Maggiore
30
a
c
33
34

Barbara Sternthal

Auf nach Venedig

Redaktion und Lektorat: vielseitig, Sonja Franzke

Grafisches Konzept: METAPHOR.ME – Michael Jung
Satz & Layout: METAPHOR.ME
Karte: Cartomedia
Fotos: Harald Eisenberger, außer Seite 144: vipinart/F. J. Morgenbesser
Grafik: Seite 4 © Galerie Flora
Gesetzt mit Catalog Pro/Gotham
Printed in Austria

ISBN 978-3-85256-602-3

www.folioverlag.com

55 REISE VERFÜHRUNGEN

Barbara Sternthal

AUF NACH VENEDIG

Verborgenes
Skurriles
Kulinarisches

Mit Fotografien
von Harald Eisenberger

FOLIO VERLAG
WIEN | BOZEN

Paul Flora, „Venedig, Nebel“, Tusche, koloriert, 2007

Inhalt

Ankommen

Realitätsprüfung. Meine beste Freundin, psychologisch geschult und versierte Gesprächspartnerin in sämtlichen Unwägbarkeiten des Lebens, sagt mir, das wäre das Heilsamste für meinen Hang zu so manch ungesunder Idealisierung. Die Erfahrung lehrt: recht hat sie, also halte ich mich nach Möglichkeit auch daran. Aber es gibt Momente im Leben, da wird der Verzicht auf die Realitätsprüfung zum exquisiten Vergnügen. Einer dieser Momente beginnt in Mestre, und zwar dann, wenn der Zug aus dem Bahnhof in Richtung Venedig abfährt. Die Vorfreude auf das Wiedersehen mit „meiner" Stadt hatte dann bereits seit Wien Zeit, sich über Stunden zu kumulieren, und Mestre bedeutet: Jetzt bin ich gleich da, fast angekommen. Riechen, Hören, Schauen entwickeln eine Eigendynamik aus der Erinnerung. Ich kann das Meer riechen, den Klang hören, den nur Venedig hat, und vor dem inneren Auge entstehen unzählige vertraute Bilder.

Rialto

Die erste Vedute, die Venedig von sich preisgibt, ist nicht ihre schönste. Ich liebe sie trotzdem, weil sie voller Versprechungen ist. Im Idealfall glitzert das Wasser der nordwestlichen Lagune, ein paar unbewohnte Inseln links, der eine oder andere Glockenturm schält sich aus dem Dunst. Dann die Fassaden der alten Schlachthäuser und die seltsamen Bullaugen der Wohnhäuser von San Girolamo. Da liegt er, der Rücken des Fisches, die Form jener Kontur, die Venedig bildet. Dann verschwindet all das hinter uniformen Wohnbauten und der Zug fährt in den Bahnhof ein. Nur noch Augenblicke trennen mich vom Übergang zwischen Erinnerung und Wirklichkeit, vom Duft nach Meer, von der salzigen Feuchtigkeit, die sich auf die Haut legt, und vom ersten Blick auf all das seit Jahrzehnten Vertraute. Einen Moment noch und die Sehnsucht wird von der Erfüllung abgelöst.

Realitätsprüfung?

Später.

Manchmal wünsche ich mir, dieses kleine letzte Stück einer langen Reise noch einmal zum allerersten Mal erleben zu können. Noch nicht ahnend, dass mich, wenn ich aus dem Abteil steige, der Duft nach Meer, nach Weite und Endlosigkeit umfängt. Denn das gehört ganz besonders zum Ankommen in Venedig: die sinnliche Wahrnehmung, dass diese Stadt anders riecht als andere.

Manchmal nehme ich nach den Bahnsteigen gleich links die schmale Gasse hinaus auf den Platz vor dem Bahnhof. Vor allem, wenn ich im Spätfrühling hierherkomme und am Ende der Rampe der Oleander in voller Blüte steht. Der Übergang ist sanfter, er führt mit Bedacht in die Stadt. Oft aber muss es der unvermittelte Bruch der Wirklichkeiten sein: der Gang durch den modernen Bahnhof, hinaus durch die Glastüren – und plötzlich ist man da, als wäre man durch einen Vorhang getreten, der die reale Gegenwart, in der man sich eben noch befand, von der magischen trennt, die Venedig immer wieder, nach all den Jahren, all den Reisen hierher immer noch vermittelt. Wie auf einer Aussichtsplattform steht man da, vor einem der Canal Grande, die Kirche und der Palazzo gegenüber am anderen Ufer, die Scalzibrücke, das Getriebe an den Vaporetto-Haltestellen, die lauten Rufe der Taxifahrer.

Wer mit der Bahn anreist, betritt die Stadt zwar durch die Hintertür, schrieb Thomas Mann – doch die führt geradewegs in den *portego*, den prachtvollen Saal eines venezianischen Palazzos mit seinem schmalen Balkon. Keine Eile. Das nächste Boot fährt in zehn Minuten, und dann wieder eines, und dann wieder eines. Man darf einfach einmal hier stehen bleiben, den Geruch, die Klänge, den Anblick vor allem aufsaugen.

Jetzt ist man angekommen.

Der erste Morgen

Caffè und Brioche

Die schönste Zeit in Venedig ist der frühe Morgen. Sogar ich, die ich ein ausgesprochener Nachtmensch bin, der ab acht Uhr abends zur Höchstform aufläuft, stehe in Venedig gerne noch vor sieben Uhr in der Früh auf. Spätestens um kurz nach acht bin ich dann unterwegs. Die Stadt ist nicht leer um diese Zeit, aber sie gehört nahezu allein den Venezianern. Und, das Wichtigste, wie ich denke, sie ist um diese Zeit noch eine ganz normale Stadt (soweit das Wort „normal" auch nur in irgendeiner Weise auf Venedig anzuwenden ist). Jetzt hat man noch Raum genug, die Myriaden von Details wahrzunehmen, aus denen sich Venedigs unendliche Schönheit komponiert. Da eine Brücke mit Steinsäulen und Marmorhandlauf, dort eine mit Wangen aus Gusseisen, Zeugnis der Ingenieurskunst des 19. Jahrhunderts. Dann eine kunstvoll angelegte, die nicht weniger als vier Wege aufnimmt, die an ihrem Fuß zusammenkommen (meine auf diese Weise gestaltete Lieblingsbrücke schwingt sich in Santa Croce in allernächster Nachbarschaft zum Campo San Giacomo da l'Orio über den Rio del Megio). Kleine, zweigeschossige Häuser, die sich, als würden sie Schutz suchen, an elegante Palazzi schmiegen. Arkadengänge, Hauszeichen und steinerne Wappen, Relikte der großen Familien der Serenissima, groteske Steinmasken über Hauseingängen, Schwibbögen, die schmale Gassen überwölben. Und natürlich über all dem dieses weiche, dieses einzigartige venezianische Licht. Das Licht Turners und das Licht Monets, die mit jeder ihrer unfassbaren Farben, mit jedem konturenauflösenden Pinselstrich eine der vielen Wirklichkeiten Venedigs mit großer Wahrhaftigkeit abgebildet haben. Kein größeres Vergnügen ist denkbar, als aus einer engen, schattigen *calle* eine Brücke hinaufzusteigen und dort, am Scheitelpunkt, der auch Aussichtsplatz und Orientierungspunkt ist, plötzlich im Licht zu stehen. Das Wasser spielt farbige Reflexe an die Mauern der Häuser, die sich ihrerseits in den Wellen der Kanäle widerspiegeln. „Die Liebe zu Venedig ist keine Einbahnstraße", schrieb Elke Heidenreich, denn Venedig liebe zurück. Nie tut es das so sehr wie am Morgen.

Der Alltag der Menschen, die hier leben, ist jetzt noch unbeeinträchtigt. Zum überdimensionierten Freiluftmuseum wird Venedig in relativ klar abgezirkelten Gebieten ab spätestens zehn Uhr. Jetzt aber bringen Mütter ihre Kinder zur Schule, erscheinen Geschäftsleute noch ganz entspannt, ältere Damen ziehen ihre Einkaufstrolleys hinter sich her und bugsieren sie geschickt über die Treppen der Brücken. Nie wirkt Venedig so gelöst, so heiter – und damit seinem alten Namen „Serenissima" vollständig gerecht werdend, was ja nicht, wie vielfach kolportiert, „Durchlauchteste“, sondern „Heiterste“ bedeutet – wie am Morgen.

Es ist dies auch jene Zeit, in der das Gefüge des Alltags in dieser Stadt begreifbar wird. Welcher Tourist, der sich über venezianische Preise beschwert, macht sich schon Gedanken darüber, wie ungeheuer aufwändig es ist, hier die alltägliche Infrastruktur aufrechtzuerhalten? Vom sperrigen Möbelstück bis zur Küchenrolle, vom Bierfass bis zum Kaffee muss alles mühsam mit Lastkähnen über die Kanäle transportiert werden. Wenn der Belieferte über kein Wassertor verfügt, durch das die Güter direkt vom Boot ins Haus gehievt werden, dann übernehmen das die Lastträger. Sie sind meine wahren heimlichen Helden, wenn sie mit ihren schwer beladenen Metallkarren alles, was in der Stadt von früh bis spät so gebraucht wird, durch schmale Gassen, Brücken hinauf, Brücken hinunter, transportieren. Manchmal frage ich mich, ob sie auslosen, wer früh am Morgen liefern darf und wer später am Tag an die Reihe kommt. Dann, wenn die Gassen und die Brücken heillos verstopft sind und die Lastträger neben ihrer Körperkraft auch ihr Stimmvolumen in vollem Umfang einsetzen müssen: *Attenti alla vita!* – „Pass auf dein Leben auf!“, *permesso* – „Gestatten Sie“. Gäbe es für Geduld ein Maßsystem, jene Lastträger, die in meiner vermuteten Arbeitszeit-Lotterie den Kürzeren ziehen, die also später am Tag ausliefern müssen, würden das obere Ende der Skala wahrscheinlich bei Weitem sprengen.

Es wird Zeit für den ersten Kaffee. Die Möglichkeiten dafür sind unendlich. Wer nicht anders will oder kann, als in Venedig in einem Hotel zu wohnen, sollte dort das Frühstück unter allen Umständen auslassen. Die Zeit, die man in einem gesichtslosen Frühstücksraum verbringt, ist gerade in dieser wunderbaren Stadt verschenkt.

Caffé Florian

Weitaus mehr Freude macht es, sich dem italienischen Ritual eines ambulanten Frühstücks aus *caffè e cornetto* anzuschließen – Kaffee und ein Blätterteigcroissant, das in Venedig auch Brioche genannt wird, auch wenn es nicht aus Briocheteig zubereitet wird. In welcher Bar, ist zweitrangig. Ich brauche in der Früh sehr schnell Kaffee, also muss die Bar oder die Pasticceria so nah wie möglich bei dem Ort liegen, an dem ich gerade wohne. Anders als die Italiener, die sich ihre Bar erwählen und dieses Stammlokal nur unter Einwirkung höherer Gewalt wechseln (das heißt, wenn sie umziehen oder – der Himmel möge es verhüten! – die Bar zusperrt), bin ich abenteuerlustig und teste mich ganz gern durch, wo mir der Kaffee am besten schmeckt. Was allerdings nichts als eitle Spielerei ist, weil der Kaffee in Venedig tatsächlich kaum irgendwo nicht perfekt ist (außer, mit Verlaub, in den Hotels).

Jedenfalls habe ich in einigen Stadtteilen meine Bars gefunden, und das trotz eines unüberschaubaren Angebots. Als ich vor einiger Zeit für eine ganze Weile die Wohnung einer Freundin in der Ruga Giuffa in Castello bewohnen durfte, hatte ich das Gefühl, im Frühstücksschlaraffenland inklusive unendlich schöner Wegemöglichkeiten zu wohnen. Manchmal habe ich einfach den schnellsten Weg gewählt, bin gegenüber meiner Haustür durch die schmale Calle Castagna und dann über die kleine, schräge Brücke (die in Venedig immer Ponte Storto heißen) bis zum Campo Santi Filippo e Giacomo gegangen, um an der Ecke zur Calle de le Rasse in jene Bar zu fallen, die ich tagsüber nicht einmal im Traum betreten würde (sie ist dann nämlich ein ziemlicher Touristenpfuhl – deshalb ist mir wohl auch ihr Name entfallen). Aber der Kaffee ist genial und die Auswahl an kalorienreichen Frühstücksteilchen ebenfalls. Das wissen auch die Gondolieri von der Ponte San Provolo, die man hier früh morgens trifft. Ihren Gesprächen auch nur im Ansatz zu folgen, ist unmöglich: Ihr Veneziano ist so ausgeprägt, dass es sich fast schon wie Portugiesisch anhört.

Fragt man in Venedig nach dem Weg, wird er meist mit der Anzahl zu überquerender Brücken angegeben: da vorne gleich links, dann über die erste Brücke, danach wieder rechts, geradeaus, über zwei Brücken und wieder links. Und schon ist man da. Vielleicht. Ganz so kompliziert ist es nicht, den Campo Santa Marina, wo sich **Italo Didovich** mit den besten, perfekt warmen Marmeladebrioches befindet, im Straßengewirr Venedigs auszumachen. Und schon gar nicht war es das von meinem Domizil in der Ruga Giuffa aus. Nur drei Brücken waren zu überqueren. Eine vor und zwei nach dem **Campo Santa Maria Formosa**. Früh am Morgen über diesen weitläufigen Platz zu gehen, ist ein ganz besonderes Vergnügen. Nicht nur, weil die Harmonie aus der Weite des Platzes und dem Ensemble aus Wohnbauten und Palazzi so überaus gelungen ist. Wenn der Platz leer ist und man sich ein wenig Zeit nimmt, ihn ausgiebig zu betrachten, begreift man ein Stück jenes Gewebes, das Venedig ausmacht: Diese Plätze sind nicht nur ein Ort, sie haben vor allem, wie Norbert Huse es nennt, eine sehr klar definierte Verkehrsfunktion. Zwei Wege führen von hier in Richtung Rialto, zwei nach San Marco und zwei in Richtung Arsenal. So ist der Platz gleichermaßen Ort und Weg, bietet viel Raum für spielende Kinder und plaudernde Ältere, hat aber vor allem zur Zeit der Republik die Möglichkeit geboten, sehr schnell eines der Zentren der Stadt zu erreichen. Essenziell für jene Patrizier, die sich direkt auf dem Campo und in nächster Nachbarschaft

1 Kulinarik

2 Geschichte

ihre Wohnbauten errichteten: die Malipiero, die Ruzzini, die Querini Stampalia, die Donà und die Grimani.

Ein wirklich sehenswertes Beispiel für die Revitalisierung altehrwürdiger Bausubstanz ist der **Palazzo Querini Stampalia**. Conte Giovanni (1799–1869), letzter Erbe des Stampalia-Zweigs der großen Querini-Familie, hinterließ seinen gesamten Besitz der Stadt. Eine beträchtliche Hinterlassenschaft, zu der nicht nur der Familienpalast zählte, sondern auch Grund und Boden auf dem Festland, weitere Häuser, Bücher, Gemälde und Drucke sowie eine kostbare Bibliothek. Dazu kam, dass dieser Nachlass von großer Bedeutung für die Identität Venedigs war: Die Querini waren eine der zwölf apostolischen Familien, zählten also zu jenen, die Venedig gegründet hatten und damit grundsätzlich für das Dogenamt in Frage kamen. Dummerweise hat Marco Querini diese Ehre restlos in den Sand gesetzt, als er im Jahr 1310 am Aufstand Baiamonte Tiepolos gegen den damals regierenden Dogen Pietro Gradenigo teilnahm. Marco verlor sein Leben bei der Revolte, die Querini mit dem Prozess gegen die Verschwörer ihr angestammtes Recht, sich der Wahl zum Dogen stellen zu dürfen. Den Namenszusatz „Stampalia“ trägt der Familien-Zweig dank Zuanne Querini, der im 14. Jahrhundert die Ägäisinsel Astypalea eroberte, die auf italienisch Stropalia heißt.

Ein nicht unbeträchtlicher Teil der Querinischen Schätze ging während des anderthalbjährigen Zwischenspiels der Repubblica di San Marco verloren. Damals, im August 1849, nachdem sich im März des Vorjahres der venezianische Advokat Daniele Manin und der Schriftsteller Niccolò Tommaseo an die Spitze einer Revolte gegen die herrschenden Habsburger gesetzt hatten, stürmte eine Gruppe Aufständischer den Palazzo Querini

Kultur

Stampalia. In einem Anfall wilder Raserei beförderten die Revolutionäre Möbel, Bücher, Kunstwerke kurzerhand in den Rio de Santa Maria Formosa. Der Schaden war groß und Conte Giovanni wird sich fortan wohl genau überlegt haben, wen er als Untermieter akzeptiert. Erstürmt wurde der Palazzo nämlich einzig aus dem Grund, weil Conte Giovanni die zweite Etage dem Patriarchen Jacopo Monico vermietet hatte. Und dem wurde – ohne jede faktische Basis, wie sich herauskristallisierte – unterstellt, er hätte eine Kapitulation vor den Österreichern unterzeichnet.

So viel Geschichte war gar nicht geplant, denn was einen Besuch dieses Palazzo so empfehlenswert macht, ist, dass sich zwei große Architekten der Restaurierung angenommen haben: der in Venedig geborene Carlo Scarpa und der aus dem Tessin stammende Mario Botta. Die Interventionen der beiden Ausnahmearchitekten im Inneren dieses aus dem 16. Jahrhundert stammenden Palasts haben neue Maßstäbe gesetzt. Selten hat sich Neu so harmonisch zu Alt gefügt, gleichgültig, ob es sich um die Fondamenta von Scarpa mit ihrer fast zen-buddhistischen Klarheit und Ruhe, seinen Garten oder das Stiegenhaus von Botta handelt. Abgesehen davon, dass die Sammlungen der Fondazione Querini Stampalia ebenso sehenswert sind wie die Räume und Möbel des Palazzo, verdienen allein Scarpas und Bottas Arbeiten den Besuch. Und wer etwas über den venezianischen Alltag wissen möchte, sollte sich die Gemälde Gabriel Bellas (1730–1799) ansehen: Bella mag nicht der begabteste aller Maler gewesen sein, dennoch geben seine Veduten einen berührenden Einblick in die sozialen, religiösen und politischen Ereignisse der Spätzeit der Serenissima. Bella starb übrigens durch einen fatalen Fehltritt: Er stolperte, fiel in einen venezianischen Kanal und ertrank.

Eigentlich wollten wir ja zum Frühstück. Doch vor dem versprochenen Kaffee samt Brioche bei Didovich auf dem Campo Santa Marina, wohin es von hier aus bloß fünf Minuten (und, wie gesagt, zwei Brücken) sind, könnte man noch einen Blick in die Kirche Santa Maria Formosa werfen: John Ruskin, penibler Dokumentarist so ziemlich aller Steine von Venedig, hat an der Fassade dieser Kirche kaum ein gutes Haar gelassen. Doch drinnen gibt es einen Nebenaltar mit einer Darstellung der heiligen Barbara. Dieses Bild, das zu den Hauptwerken Jacopo Palmas des Älteren zählt, unterscheidet sich wesentlich von allen mir bekannten Barbara-Darstellungen. Statt einer sich opferbereit ihrem grausamen Vater unterwerfenden Märtyrerin ersann Palma il Vecchio eine selbstbewusste junge Frau, die weiß, was sie tut (auch wenn sie damit ihr Leben aufs Spiel setzt).

Aber jetzt auf zum Kaffee. Dazu muss man, die Kirche im Rücken, nur den Platz schräg überqueren und in die schmale Gasse zwischen dem Palazzo Ruzzini (ein Hotel) und dem Palazzo Donà tauchen. Es folgt die erste Brücke, dann rechts der Borgoloco Molmenti, danach der Palazzo Marcello Pindemonte Papadopoli (wo das Finanzministerium seine Büros hat), eine weitere Brücke – und schon ist man da. Bei Didovich trifft man keine Gondolieri, sondern ältere Damen und natürlich die Beamten von der Finanz. Die Croissants – mit Marmelade, Schokolade, Vanillecreme oder einfach *vuoto* (leer) – sind frisch, flaumig, saftig, der *caffè* stark und dicht. Ein guter Tagesanfang, um sich zu überlegen, wohin man seinen Schritt jetzt lenkt: Zum Rialto über die stille Corte del Milion, wo einst Marco Polo lebte und heute eine Akkordeonspielerin ihren Stammplatz hat, die tagaus, tagein den Hochzeitswalzer aus dem „Paten" spielt? Oder zurück zum Campo Santa Maria Formosa, um sich in aller Ruhe den wunderschönen Bogen mit dem Madonnenrelief über dem **Ponte del Paradiso** (und dann auch unbedingt gleich die Calle del Paradiso) anzusehen? Die Entscheidung fällt mir oft schwer. Vor allem, wenn es nach einer Zeit der Abwesenheit von Venedig mein erster Morgen in der Stadt ist und ich das dringende Bedürfnis verspüre, alle besonders geliebten Orte sofort wieder aufzusuchen. Weil ich aber weiß, dass sie alle noch da sind, die Lieblingsplätze, und weil ich einen natürlichen Widerwillen gegen komprimierte Stadtbesichtigungen habe, gehe ich zur Sicherheit auf einen weiteren Kaffee. Zu **Rosa Salva** in der Calle Fiubera in San Marco nämlich. Ich fürchte, ich vertrage auch noch ein *cornetto*. Man ist ja dann doch den ganzen Tag zu Fuß unterwegs, da bauen sich die Kalorien schon wieder ab.

4 Skurriles

5 Kulinarik

Pagnoche co l'ua

Hinter diesem Begriff in astreinem Veneziano verbirgt sich nichts anderes als Rosinenbrötchen. Sie waren eine Spezialität der Bäckerei D'Amato, die drei Generationen lang an der Ecke Campo San Vio / Calle della Chiesa in Dorsoduro bestand. Michele D'Amato hat die Bäckerei in eine Pizzeria verwandelt, das Rezept, das schon sein Großvater jeden Morgen zubereitete, hat die Veränderungen überdauert.

* 1 kg Weizenmehl
* 400 ml Wasser
* 10 g Salz
* 20 g Zucker
* 30 g Hefe
* 60 g Rosinen
* 1 Prise Safran
* 1 Eidotter

***

Die Hälfte des Mehls mit der Hälfte des Wassers und dem Salz mischen und die Hefe einarbeiten. In einer Schüssel mit einem Küchentuch bedeckt aufgehen lassen. In der Zwischenzeit die Rosinen für einige Zeit in Wasser legen. Wenn der Teig aufgegangen ist, die restlichen Zutaten einkneten. Zum Schluss kommen die Rosinen gut trockengetupft dazu. Kugeln formen, auf ein Backblech legen und nochmals eine gute halbe Stunde gehen lassen. Den Backofen auf 200 °C aufheizen, die Pagnoche mit dem Eidotter bestreichen und 15–20 Minuten goldbraun backen. Aus demselben Teig gab es bei D'Amato auch die köstlichen Venessiane: Zum Teig kommen noch Butter, Zucker und Eier, dafür werden die Rosinen weggelassen. Und ganz zum Schluss, bevor die Köstlichkeit in den Backofen wandert, streut man noch ein wenig Hagelzucker auf die Hefeteigbrötchen.

Pinza dell'Epifania (oder: della Befana)

Venezianische brioche *selbst zuzubereiten, ist mühsam (der Blätterteig!) oder nur das halbe Geschmacksvergnügen (wenn man fertigen Blätterteig nimmt, was ja nun keine Kunst ist), und sie schmecken sowieso am allerbesten in einer venezianischen Bar, wenn der ganze Raum nach Kaffee und Croissants duftet. Da Venedig im Winter ein besonderes Vergnügen ist, sei hier als köstlicher Trost der Dreikönigskuchen angeboten.*

* 180 g Mehl
* 180 g Maismehl
* 120 g Butter
* 120 g Zucker
* 125 ml Weißwein (z. B. einen Traminer)
* 50 g Rosinen
* 100 g Dörrobst nach Lust und Laune: Feigen, Pflaumen …
* 50 g Orangeat und Zitronat
* 1 geschälter und würfelig geschnittener mittelgroßer Apfel
* 40 ml Raboso (statt diesem typischen Veneto-Wein ist auch ein Schuss Grappa zu empfehlen)
* 1 TL Fenchelsamen
* 1 Prise Salz

***

Rosinen in einer Schüssel mit Raboso (oder dem Ersatz) beträufeln und ca. eine Stunde ziehen lassen. Das Dörrobst in lauwarmem Wasser einweichen. Mehlsorten und Zucker in einem Kochtopf gut vermischen, den Weißwein und so viel heißes Wasser dazugeben, dass das Mehl vollständig bedeckt ist. Das Ganze auf dem Herd erhitzen und unter ständigem Rühren zumindest 15 Minuten lang köcheln (falls die Masse – sie sollte eine Konsistenz wie Polenta haben – zu trocken ist, Wasser zugießen). Die Butter stückchenweise, zuletzt alle Früchte samt Einweichflüssigkeit einrühren. Weitere 15 Minuten bei mäßiger Hitze rühren. Zum Schluss eine Backform mit Butter ausfetten, die abgekühlte Masse aus dem Topf einfüllen und in den auf 180 °C vorgeheizten Backofen schieben. Nach weiteren 15 Minuten sollte sich eine hellbraune Kruste bilden – der Kuchen ist fertig und kann warm oder auch kalt genossen werden. Besser als Kaffee fügt sich dazu ein Glas Traminer, Beerenauslese oder Eiswein.

Über Labyrinthe

Plädoyer für Irrläufe

Seien wir doch ehrlich: Selbst jemandem, der zum ersten Mal nach Venedig kommt, ist die Stadt in gewisser Weise vertraut. Klischeevorstellungen und Erwartungen nähren sich aus unzähligen Bildern – von der Basilica San Marco, vom Dogenpalast, vom Blick über das Bacino auf San Giorgio Maggiore. Dazu kommen die Ansichten des Ponte di Rialto, zahllose in goldenem Sonnenlicht – oder, wahlweise, im Winternebel – liegende Kanäle, Gondeln, Gondolieri, Tauben. Wer nach Venedig kommt, weiß im Prinzip und wenigstens virtuell, was ihn erwartet. – Scheinbar. Denn, wie gesagt, das sind die Klischees. Niemand, der sich den Bewertungssystemen für Sehenswürdigkeiten von Reiseführern unterwirft (den „rechthaberischen Sternchen", wie Rilke sie nannte), geschweige denn nur sieht, was ihm Fremdenführer vorgeben, sich anzusehen, kennt Venedig. Oder ist auch nur im Begriff, der Textur dieses seltsamsten aller urbanen Gebilde auf die Spur zu kommen.

Venedig ist sehr viel mehr als die Summe seiner

Sehenswürdigkeiten. Alles hat eine Bedeutung, die Palazzi ebenso wie die schlichten Wohnhäuser, die Kirchen und die *campi*, auf denen sie errichtet wurden, die Kanäle, Lage und Verlauf der Brücken, jeder *rio terà*, jeder zugeschüttete Kanal also. All dies steht darüber hinaus in bestimmten Beziehungen zueinander. Es ist ein Amalgam aus der überaus komplexen Geschichte Venedigs, aus deren Konservierung und aus einer lebendigen Gegenwart. Mehr als eine Annäherung an die wahre Seele der Stadt, so scheint mir auch noch nach vielen Jahren und unzähligen Aufenthalten, kann es sowieso kaum sein. Vielleicht liegt es daran, dass die Stadt auf sumpfig-wässrigem Gelände entstand, dass sich die Vermögen ihrer Oligarchen vorwiegend dem Seehandel verdankten, dass also alles beweglich, flüssig, flüchtig, nicht wirklich greifbar ist. Möglicherweise sollte man dieses subjektive Gefühl, dass da immer noch etwas ist, an das man nicht ganz herankommt, als gegeben akzeptieren. Dieses nie restlos durchschaubare Venedig bedient sich, vermute ich, einer schützenden Hermetik. Zu Zeiten der Serenissima war dieser Schutzschirm von Nutzen, um die eigenen Vorteile, die eigene Politik vor zu genauen Einblicken zu bewahren. Heute ist er vielleicht das letzte unsichtbare Bollwerk gegen das Heer von Besuchern. An die verkauft man sich zwar, behält einen Teil seiner Identität aber wohlweislich für sich. Venedig, die Kurtisane, die es versteht, ein paar letzte Geheimnisse zu wahren, die sich hingibt, ohne ihr rätselhaftes Wesen je ganz preiszugeben, von der man aber immer hofft, sie möge die ihr entgegengebrachte Liebe erwidern. Mit der ihm eigenen Subtilität hat es Henry James ausgedrückt: Venedig, schrieb er, scheine „menschlich und empfindungsfähig, und sich der Zuneigung, die man ihr entgegenbringt, bewusst". James verbrachte 1869 und 1872 nur kurze Zeit in Venedig, 1881 blieb er erstmals länger und fand eine Wohnung mit dem schönsten Ausblick, den es für mein Gefühl in Venedig gibt: Im vierten Stock jenes Hauses an der Riva degli Schiavoni, in dem sich heute die Pensione Wildner befindet.

Geschichte G

Sechs Jahre später kam James wieder und war nun Gast im **Palazzo Barbaro Curtis**. Dieser Doppelpalast, dessen linke Hälfte aus dem 15. und dessen rechte aus dem späten 17. Jahrhundert stammt, gehörte ursprünglich der durch Salzhandel reich gewordenen Familie Barbaro, die mit Marco und Agostino Barbaro (oder, mit dem typisch venezianischen Suffix, Barbarigo) zwischen 1485 und 1501 zwei aufeinander folgende Dogen gestellt hatte. Das ist aus zweierlei Gründen bemerkenswert, denn einerseits achtete man in der Serenissima genau darauf, bei niemandem dynastische Gelüste zu wecken, andererseits, weil sich Agostino bei seiner Wahl darüber hinaus gegen einen Grimani durchgesetzt hatte und damit gegen ein Mitglied einer der alten, der apostolischen Familien. Agostino dagegen kam „nur" aus einer der *Case Nove*, die man anlässlich der *Serrata del Maggior Consiglio* (die 1297 erfolgte Fixierung jener Familien, deren Mitglieder ab nun allein Zugang zum Großen Rat und damit zu den maßgeblichen Ämtern der Serenissima hatten) noch in das Libro d'Oro der Stadt aufgenommen hatte. Mitte des 19. Jahrhunderts starben die Barbaro aus. Ihren Palazzo, aus dem in der Zeit des Niedergangs einiges an Familiensilber verkauft worden war (darunter ein vielgerühmtes Deckenfresko von Tiepolo, das sich heute im Metropolitan Museum of Art in New York befindet), kaufte und restaurierte der aus Boston stammende Daniel Curtis. Er und seine Frau Ariana machten den Palazzo Barbaro Curtis, wie er fortan hieß, zum Obdach der großen Künstler ihrer Zeit: Henry James vollendete hier „Die Flügel der Taube" und John Singer Sargent malte 1898 „An Interior in Venice", ein Porträt der Familie Curtis in ihrem Salon. Zu Gast und damit Mitglied des Barbaro-Circles waren unter anderem auch James Abbott McNeill Whistler und Claude Monet. Der Palazzo ist privat, um sein Interieur zu sehen, bleibt nur der Film: Für die filmische Adaption von James' „Die Flügel der Taube" bot er ebenso eine Kulisse wie für die geniale britische TV-Verfilmung von Evelyn Waughs „Brideshead Revisited". Seine schöne Fassade – links die spätgotische, rechts die barocke von Antonio Gaspari – sieht man vom Ponte de l'Accademia aus: Es ist der Doppelpalast rechts neben dem dottergelben Palazzo Gussoni Cavalli Franchetti.

Dank Henry James bin ich weit abgeschweift, was in gewisser Hinsicht gut zur eigenwillig verwirrenden Geografie Venedigs passt. Auch da kann ein-, zweimal Abbiegen bedeuten, ganz woanders als gedacht anzukommen. Dabei ist der Körper der Altstadt mit den Konturen eines Fisches, der an seiner Angelschnur – dem Ponte della Libertà – mit dem Festland verbunden ist, nicht groß. Vom äußersten Osten bis in den äußersten Westen, beispielsweise von der Isola San Pietro in Castello bis zum Ponte dei Tre Archi in Cannaregio, sind es knapp fünf Kilometer. Und zwar nicht Luftlinie, sondern Fußweg auf der breiten, leicht zu findenden Hauptroute. Nur wenig mehr als vier Kilometer sind es von den Giardini pubblici, Hauptschauplatz der Biennale di Venezia, bis zu den Zattere in Dorsoduro: ein wohltuender „Down-to-earth"-Spaziergang vom eitlen Getriebe des alle zwei Jahre präsentierten zeitgenössischen internationalen Kunstschaffens zur Südseite des Fisches.

Campo San Cassian

Sich in Venedig zu orientieren, ist eine Frage der Erfahrung und der Entdeckerlust. Wer es wagt und seinen Stadtplan wegwirft, bekommt dafür ganz Venedig – die Stadt, in der das *chiaroscuro* kein kunsthistorischer Begriff, sondern Teil ihrer Existenz ist. In der die Wellen der Kanäle jeden Funken Licht auffangen und an Wände und in die Häuser reflektieren. Ein unablässiges Spiel aus Licht, Wasser und Regenbogenfarben. Hauswände und Mauern scheinen aus Perlmutt gemacht, werden leicht, scheinen zu schweben, tanzen. Dann taucht man wieder ein in eine *calle*, kaum breit genug für zwei, manchmal so schmal, dass die Schultern an den Häusern streifen. Schlüpft unter einem *sottoportego* durch, der geradewegs ins Nirgendwo zu führen scheint, um ein paar Meter weiter über eine Brücke zu kommen, wo der Tanz aus Wasser und Licht von Neuem beginnt – und vollkommen anders aussieht als auf der letzten Brücke, weil der Verlauf des Kanals ein anderer ist und das einströmende Licht seinen Winkel verändert hat. Kein Wunder, dass Meister wie Mauro Codussi oder Andrea Palladio die Wände einiger ihrer Kirchen in Venedig frei von Mosaiken und Fresken in reinem Weiß beließen. Das Licht bleibt Hauptdarsteller und lässt die Gemälde an Altaren und in Kapellen wie überirdische Manifestationen erscheinen.

Im labyrinthischen Geflecht Venedigs verlaufen sich selbst Venezianer, so sie sich außerhalb ihrer *parrocchia* – ihres Pfarrbezirks – oder wenigstens außerhalb ihres *sestiere* – des, wörtlich, Stadtsechstels – befinden. Eine Adresse zu finden, scheint vollkommen unmöglich: Straßennamen kommen mehrfach vor, und die Bauten entlang ihrer Flanken sind nicht wie gewohnt durchnummeriert. Das Bedürfnis des Zeitalters der Aufklärung, die Erscheinungen der Welt – und mithin auch kommunale Verbände – zu kategorisieren, zu nummerieren, zu katalogisieren, hat sich in Venedig zeitverzögert höchst sonderbar manifestiert: Es war unter der ungeliebten habsburgischen Herrschaft, als man die alte venezianische Nummerierung „verbesserte", indem man alle Häuser jedes der *sestieri* von Anfang bis Ende durchnummerierte. Je nach Größe der Stadtbezirke kommen so ganz beachtlich hohe Ziffernkombinationen zustande, die nur den Postboten ihres jeweiligen Sprengels kein unlösbares Rätsel sein dürften. Was zusätzlich verwirrt, sind die Beschriftungen der großen, weißen *nizioletti* (kleine Leintücher, wörtlich) an den Wänden der Stadt: Für sie wird oft Veneziano anstatt Italienisch verwendet. So wird der Campo Sant'Angelo zu San Anzolo und Santa Croce zu Santa Crose.

Venedig, wo sich der Fußgänger noch als Aristokrat fühlen kann, wie Sartre bemerkte, kann man sich mit Geduld erlaufen. Die Sehenswürdigkeiten tauchen dabei ganz von selbst auf. Verirren gehört dazu, und verhungern oder verdursten kann man in dieser Stadt sowieso nicht. Nicht einmal, wenn man sich auf einen längeren
Natur 7 Weg macht, der zum Beispiel in den duftenden **Gemüsegärten von San Francesco della Vigna** in Castello beginnt. Eine Brücke, ein *campo* und geradeaus die Calle del Cafetier entlang, die in die Calle Barberia de le Tole übergeht, und schon steht man auf dem Campo Santi Giovanni e Paolo. Um sich die gotische Kirche der Dominikaner mit ihren Dogengrabmälern anzusehen, kann man gezielt hierher kommen. Ich gehe manchmal gern – ganz untypisch – ins Krankenhaus, das in der ehemaligen
Skurriles 8 **Scuola Grande di San Marco** mit ihrer faszinierenden illusionistischen Marmorfassade eingerichtet wurde. Der Innenhof ist wunderschön, die Pietra-dura-Arbeiten auf

den Absätzen einer Nebentreppe das reine Wunder. Keine Herausforderung an Orientierungsfähigkeiten ist die breite Calle larga Giacinto Gallina, die – mit drei Brücken – geradewegs auf die Apsis von Santa Maria dei Miracoli zuführt. Dieses berührende Kleinod muss warten, ich bin hungrig. Ohne weitere Brücke liegt nur eine Ecke weiter die Salizada San Canzian und hier **Un Mondo di Vino**, einer der besten *bacàri* der Stadt. Die Weinauswahl ist großartig, die *cicchetti*, die kleinen venezianischen Köstlichkeiten aus Gemüse, Fleisch und allerlei Meeresgetier, sind erstklassig und die Atmosphäre entspannt. Es kann eine Weile dauern, wenn ich mich hier einmal niederlasse – am liebsten mit einem Glas Verdiso draußen an der Fensterbank. Appetitanregend. 9 Kulinarik

Manchmal stelle ich mir dann kleine pfadfinderische Aufgaben: Ich könnte es mir jetzt ganz einfach machen, die paar Meter bis Santi Apostoli und die Strada Nova entlanggehen. Keine Lust, denn das ist in ganz Venedig die einzige Straße, die ich nicht besonders schätze. Der Erneuerungswille des 1867 noch jungen Staats Italien hat, als man hier die Kanäle zuschüttete, um einen breiten Verbindungsweg vom Bahnhof zum Rialto zu schaffen, jedes Feingefühl vermissen lassen. Um ganz ehrlich zu sein, werde ich auch nie verstehen, warum auf der unvenezianischsten aller Straßen so viel touristisches Getriebe herrscht. Also versuche ich das zu tun, was die Venezianer machen, um verstopfte Straßen zu meiden: *andare per le sconte*, einen Seitenweg nehmen, ein paarmal abbiegen, durch eine Reihe von *sottoporteghi*, die richtigen Brücken finden. Es wird schon gelingen, dass ich auf der Fondamenta San Felice lande und hier bis zur namenlosen letzten **Brücke ohne Wangen** gelange: Bis ins 18. Jahrhundert hatten die Brücken Venedigs keine Ge- 10 Skurriles länder. Wie viel näher man sich dem Wasser damals gefühlt haben muss, lässt sich nur noch hier, an diesem unscheinbaren Relikt, das sich über den Rio San Felice wölbt, nachempfinden. Die Fondamenta San Felice ist eine Sackgasse, man kann nur links abbiegen, über ein Brücke gehen und steht vor der Scuola Grande della Misericordia. Von hier aus ist alles leicht zu finden: Die Kanäle verlaufen relativ gerade, Venedig wird geradezu rechtwinkelig. Hier einfach geradeaus zu gehen, ist überhaupt eine gute Idee. Erstens ist die Fondamenta della Misericordia breit und angenehm und zweitens erreicht man nach spätestens zehn Minuten – wenn die Fondamenta ihren Namen in Ormesini geändert hat – **Timon**, die Lieblingsbar der Bewohner der Nachbarschaft (und nicht nur dieser). Mir wird Timon nicht nur seiner köstlichen Pasta und der glücklich machenden *cicchetti* wegen für immer in Erinnerung bleiben (die ich mit Wonne oftmals auffrische), sondern auch, weil ich hier gelernt habe, dass man nicht an Vergiftung stirbt, wenn man in einen Kanal fällt. In Badehosen haben an einem heißen Junitag drei Männer ihr Boot vom Grund des Rio della Misericordia geborgen, das tags zuvor einem heftigen Gewitter zum Opfer gefallen war. Gemessen an der Anzahl der Zuschauer muss Timon an der Show gut verdient haben.

Kulinarik 11

Dass ich den Weg von Santa Maria dei Miracoli bis zum Rio San Felice *per le sconte* auf Anhieb finde, ist tatsächlich Glückssache. Denn Venedigs Gassengeflecht ist imstande, sich je nach Wetterlage oder Tageszeit vollkommen zu verändern. Wege, die im Sonnenlicht klar und einfach erscheinen, entwickeln sich im Nebel zu einem Paralleluniversum von unbekannter Ausdehnung. Man sieht kaum die Hand vor den Augen, hört dafür in fast vollkommener Einsamkeit Geräusche umso besser. Manchmal bleibt man nur stehen, um nachzuhören, ob die eigenen Schritte solchen Lärm in der körperhaften Stille machen oder ob es die Schritte anderer sind, die aber nirgendwo zu entdecken sind. Im Nebel lösen sich alle Konturen vollends auf, die Umgebung wird zu einem Nirwana, das je nach Stimmung sehr beruhigend oder fast bedrohlich wirkt. Er kann dicht sein und ein weißgraues Moiré bilden, er kann diffuser Weichzeichner sein, hellblau, rosa mit goldenen Einsprengseln, er kann die Lagune so restlos überfallen, dass alles stillsteht. Buchstäblich, denn dann fährt nicht einmal mehr ein Vaporetto. Wie die Inuit für Schnee haben die Venezianer verschiedene Ausdrücke für Nebel: *nebbia, nebbietta, foschia, caligo.* Sich im Nebel zu verlaufen, wenn sich Venedig vor den Augen der Neugierigen ganz in sich selbst zurückgezogen hat, ist vielleicht die vollkommenste Hingabe an diese Stadt.

Jeder Irrweg hält Möglichkeiten bereit. Wenn man zum Beispiel die Fondamenta de la Toletta in Dorsoduro spontan verlässt, weil der Menschenstrom zu dicht ist, kann man auf der parallel verlaufenden und fast menschenleeren Fondamenta di Borgo landen und hier die seit Jahrzehnten geliebte und berühmte Antica Locanda Montin entdecken. An ihren Wänden hängen immer noch jene Bilder, die Luca Carrettins Eltern in Zahlung nahmen, wenn sie junge Künstler in einem ihrer zwölf Gästezimmer beherbergten und in ihrem zauberischen Garten verköstigten. Amedeo Modigliani hat ganz oben im letzten Stock gewohnt, einmal in Zimmer 5, einmal in 8, die beide einen Balkon haben, von wo man auf die gegenüberliegende Fondamenta de le Romite sieht. *Romite* ist die venezianische Variante von *eremite* Eremiten. Und so still liegt sie auch da. Toni Carrettin, Lucas Vater, hat seine Gäste nicht als flüchtige Besucher empfunden, er hat sie aufgenommen. Der wunderbare Künstler Franz Beer, der Anfang der 1950er-Jahre in der Montin gewohnt und mit Bildern bezahlt hat, kam zwei Jahrzehnte später gemeinsam mit seiner Frau Marlis wieder. Als er die Montin betrat, kam ihm Toni mit einem Packen Post entgegen, den er über all die Jahre für seinen damaligen Gast aufgehoben hat. Heute leben Franz und Marlis Beer nur ein paar Minuten entfernt. In der Montin kann man sie dann und wann immer noch antreffen.

Man könnte ewig weitermachen mit diesen Entdeckungen, die venezianische Irrläufe für Wagemutige und Abenteuerlustige bereithalten. Etwa mit dem Hinweis, von der Montin nach rechts zu gehen, die Ponte de le Turchette zu überqueren und die folgende gleichnamige Calle entlangzulaufen, um an deren Ende in der Calle lunga San Barnaba und damit fast exakt vor der Auslage von
Handwerk 12 **Lauretta Vistosi** zu landen. Lauretta, die auf Murano geboren wurde, macht Taschen und Etuis in den strahlend klaren Farben und Linien eines Mondrian, in deren Design sie hin und wieder Glas ihrer Heimatinsel integriert.

Einen anderen, noch nicht gegangenen Weg nehmen, spontan abbiegen, das gehört zu meinen vortrefflichsten Vergnügungen in Venedig. Eine schmale Gasse, nicht immer dieselbe, sondern die andere Brücke nehmen, einen Sottoportego, unter dem ich noch nie durchgegangen bin. Bislang unbekannte Wege versprechen Entdeckungen, Abenteuer, Neues, Unbekanntes. „Wirf doch den Stadtplan weg! ... Lass dich in die Irre führen“, schrieb Tiziano Scarpa in seinem Buch „Venedig ist ein Fisch“. Dem ist nichts hinzuzufügen.

Baccalà alla vicentina

Zu den architektonischen Spezialitäten Venedigs gehören die barbacane*: Damit die Gassen nicht zu schmal wurden, baute man das Erdgeschoss kleiner als die Etagen darüber. Halt bekamen die vorragenden Obergeschosse durch Holzbalken, die in Venedig eben* barbacane *heißen. Prachtexemplare sieht man in der Calle del Paradiso (sie beginnt an der gleichnamigen Brücke beim Campo Santa Maria Formosa) in Castello. Hier befindet sich in einem ehemaligen Kohlenlager das Ristorante Ai Barbacani. Von dort stammt dieses Rezept.*

* 800 g Stockfisch (meist handelt es sich um Kabeljau oder Dorsch)
* 2 EL Olivenöl extra vergine
* Mehl
* Zwiebel, fein geschnitten
* 1 Knoblauchzehe, sehr fein gehackt
* 1 Sardellenfilet
* Milch
* Salz
* Pfeffer, frisch gemahlen

***

Den sonnengetrockneten Stockfisch zuerst mit einem Fleischklopfer bearbeiten, danach mindestens 24 Stunden wässern (Wasser öfter wechseln; in Venedig gibt es Stockfisch bereits gewässert zu kaufen). Den Stockfisch mit Küchenpapier trockentupfen und in Mehl wenden. Das Öl mit dem Knoblauch und der Zwiebel in einer Pfanne erhitzen, danach das Sardellenfilet dazugeben. Wenn alles heiß genug ist, Stücke vom Stockfisch darin braten, bis er auf allen Seiten goldbraun ist. Salzen und pfeffern. Zum Schluss die Milch zugießen (der Fisch sollte ganz bedeckt sein) und das Ganze 15–20 Minuten köcheln lassen, bis die Milch absorbiert ist. Serviert wird der Stockfisch mit ein paar Scheiben Polenta oder mit Weißbrot.

Radicchio rosso

Ein Klassiker – entweder allein oder als Beilage – ist gebratener Radicchio. Wobei hier nicht die bekannten kleinen, festen, kugelrunden Salatköpfe genommen werden, sondern der Radicchio di Treviso, eine langblättrige Variante, die zarter und nicht ganz so bitter schmeckt. Gegrillt oder gebraten: Mit einem Stück Weißbrot genossen, ergibt dieses Rezept eine feine vormittägliche Stärkung, während man durch Venedigs Gassen streift.

* 100 g durchzogener Speck
* 750 g Radicchio
* 4 kleine, milde Zwiebeln
* 2 Knoblauchzehen
* Olivenöl extra vergine
* Salz
* Pfeffer aus der Mühle

***

Radicchio putzen, die äußersten Blätter entfernen, den restlichen Salatkopf vierteln und die Strünke herausschneiden. Den in feine Streifen geschnittenen Speck und die in Achtel geschnittenen Zwiebeln in Olivenöl erhitzen und ein paar Minuten sanft anbraten. Danach die fein gehackten Knoblauchzehen untermischen und zum Schluss den gut abgetropften Radicchio dazugeben. Das Ganze bei mäßiger Hitze ca. 5 Minuten braten, mit Salz und Pfeffer abschmecken und heiß servieren. Die Grillvariante ist leichter und schneller: Den Radicchio wie gehabt vorbereiten, mit Olivenöl bestreichen, grillen und zum Schluss mit Salz und Pfeffer würzen.

Begegnungen 1

Von Poeten, Büchern und Filmen

In den **blühenden Zeiten der Serenissima Repubblica** 13 Geschichte war Venedig ein so internationales, kosmopolitisches und vielsprachiges Pflaster, wie es heute London oder New York sind. Das venezianische Kolonialreich erstreckte sich vom Festland am Rand der Lagune über die dalmatinische Küste, das heutige Albanien und den Peloponnes bis zum byzantinischen Reich, Zypern und Kreta. Überall setzte man aus Venedig entsandte Amtsträger ein, vergab Tausende von Lehen vor allem auf den Inseln der Ägäis, umschmeichelte Verbündete und hielt sie so unter Kontrolle. Ein hoch effizientes Kuriersystem verband Venedig zudem mit seinen Handelsniederlassungen, die über ganz Europa und Nordafrika verstreut waren, darunter in Sevilla und Valencia, in Montpellier und Nîmes, in Southampton und London, in Frankfurt und Köln, in Brügge und Wien. Die Depeschen der Gesandten, die aus den Kolonien und von den Handelsniederlassungen nach Venedig gelangten, stellten politische und wirtschaftliche Zustände und Veränderungen mehr oder weniger des gesamten Abendlandes, der Levante und des Maghreb so exakt dar, dass sie bis heute zu den verlässlichsten und detailliertesten historischen Quellen des Hochmittelalters bis zur Neuzeit gelten (aufbewahrt werden sie größtenteils im Archivio di Stato auf dem Campo dei Frari in San Polo).

Bis Vasco da Gama den Seeweg nach Indien entdeckte, war Venedig *die* Hegemonialmacht im östlichen Mittelmeer und kontrollierte somit den größeren Teil der Importe aus dem Fernen Osten und aus Indien. Auf kostbare Seidenstoffe aus China, Aromen, Edelsteine und -metalle, ja sogar Farbpigmente hatte Venedig ebenso mehr oder weniger das Handelsmonopol wie auf Gewürze. Was die Versorgung mit den Grundnahrungsmitteln Getreide und Salz betraf, so war halb Italien von Venedigs Einfuhren abhängig. Fahrplanmäßig verkehrende Schiffskonvois, *mude* genannt, verließen Venedig zuerst zweimal, schließlich vier- bis fünfmal pro Jahr. Sie brachten die Güter aus der Levante und aus Nordafrika und lieferten Waren nach England und Flandern. Im Fondaco dei Tedeschi stiegen deutsche, böhmische, ungarische und österreichische Händler ab, im Fondaco dei Turchi die Osmanen, französische und englische Händler und Diplomaten bevölkerten die Stadt ebenso wie jene aus Spanien und Portugal, aus Süditalien und dem Kirchenstaat.

Venedig, das sich als Republik, regiert und verwaltet von mächtigen Patrizierfamilien, in seiner politischen Struktur wesentlich vom Rest Europas unterschied und in seinen Kontroll- und Organisationsmechanismen, die der unendliche Reichtum verlangte, seiner Zeit weit voraus war, hatte zu Beginn des 14. Jahrhunderts 120.000 Einwohner und zählte damit zu den größten Städten des Kontinents. Nur Paris kam zur selben Zeit auf annähernd 100.000 Bewohner. Nachdem die erste Pestwelle über Venedig hinweggefegt war und sich die katastrophale Opferbilanz auf nahezu die Hälfte der Einwohner der Lagunenstadt belief, wurde Venedig zur Einwandererstadt: Mehrere Tausend Menschen wanderten aus Deutschland ein, dazu kamen Armenier, Türken (die man penibel unter Kuratel hielt, da das politische Verhältnis zum Osmanischen Reich immer ein wenig labil war), Griechen, Juden und Italiener aus anderen Stadtstaaten. Es waren nicht nur Händler, die sich ansiedelten, sondern vielfach Handwerker – Ärzte, Bäcker, Schuster oder Seidenweber aus Lucca. Die berühmtesten nicht-italienischen Künstler, die sich wenigstens für eine Weile in Venedig niederließen, waren Albrecht Dürer und ein junger Mann aus Kreta, der die Maltraditionen Griechenlands und Italiens auf geradezu hypnotisch faszinierende Weise verschmelzen sollte: Dominikos Theotokopoulos, der zuerst in der Werkstatt Tizians arbeitete, schließlich über Rom und Madrid nach Toledo gelangte und als El Greco zu einer Lichtgestalt der Kunstgeschichte wurde. Und im Arsenal – wenn der Rialto das Herz von Venedigs Reichtum war, dann befanden sich hier die Lungen – waren es vor allem dalmatinische Handwerker, die in frühindustriell organisierten Arbeitsabläufen Galeeren und Handelsschiffe bauten. Es gab – abgesehen vielleicht von Genua, der großen Konkurrentin der Serenissima – zu jener Zeit keine Stadt, die so multikulturell war wie Venedig, wo in den Gassen und auf den Plätzen jede bekannte Sprache gesprochen wurde. Kurz gesagt: Die Venezianer waren Weltreisende, und es waren Weltreisende, die nach Venedig kamen.

Diesem kosmopolitischen Charakter Venedigs eine der Gegenwart entsprechende Reverenz zu erweisen, ihn nicht im Vergessen verschwinden zu lassen, sondern ihm eine zeitgemäße literarische Vitalität zu verleihen, war die Idee hinter der **Casa delle Parole**. Immer am zweiten Dienstag im Monat werden zu einem vorgegebenen Thema – zum Beispiel *Il volo* (der Flug), wo es dann auch Stifters „Ballonfahrt" zu hören gibt, *Le città* (die Städte) oder der Zyklus *Gli stadi della vita* (Lebensstadien) – Texte ausgewählt und in ihrer Originalsprache sowie in italienischer Übersetzung gelesen. Lange war die Casa Goldoni in San Polo Gastgeber für die Veranstaltungen der Casa delle Parole. Doch mittlerweile erhält diese kleine, aber höchst aktive Vereinigung so viel Zulauf, dass die Veranstalter in die Ca' Rezzonico in Dorsoduro übersiedelten. Selbst wenn man nur einen Bruchteil jener Sprachen versteht, in denen da vorgelesen wird, sind die Abende der Casa ein großes Vergnügen. Nicht zuletzt ein musikalisches dank der unterschiedlichen Klänge von Persisch und Französisch, Englisch und Italienisch, Polnisch und Türkisch. Drei Venezianer haben die Casa delle Parole im Jahr 2004 gegründet, nämlich Enrico Palandri, Schriftsteller und Literaturprofessor an der Universität von Venedig, Donata Grimani, promovierte Literaturwissenschaftlerin und Nachfahrin einer der ältesten Familien Venedigs, sowie Riccardo Held, Lyriker, Übersetzer von Racine, Balzac und Flaubert, von Rilke und Hofmannsthal. Von ihm und seiner aus Wien stammenden Frau Martina Frank, Kunstgeschichtsprofessorin an der Università Ca' Foscari, der venezianischen Uni, habe ich mehr über die seelischen Facetten Venedigs gelernt als aus jedem Buch. Riccardo, der zweisprachig aufwuchs – sein Vater war der Sohn eines Einwanderers aus

Kultur 14

Deutschland, seine Mutter ist Venezianerin –, wurde nicht einfach nur in Venedig geboren, er wuchs im Herzen der Stadt auf. Sein Vater hatte ein Geschäft gleich neben dem Uhrturm unter den Arkaden der Procuratie Vecchie auf der Piazza San Marco, die Wohnung der Familie befand sich bei der Calle Larga San Marco, später in der Parrocchia San Maurizio. Riccardo erinnert sich lebhaft daran, dass seine Familie auf die Tatsache, in der Nachbarschaft des alten Machtzentrums zu Hause zu sein, sehr stolz war, ja, auf die anderen Stadtteile fast ein wenig herabblickte. Zwar schickte man ihn in die Scuola elementare Renier Michiel in Dorsoduro, doch dass der Volksschüler die Nachmittage mit seinen Freunden am liebsten auf den Zattere verbrachte, wurde nicht besonders gut gelitten. Wenn ihn seine Großmutter wohl oder übel dort draußen an der Peripherie abholen kam, vergaß sie selten anzumerken, wie gut es doch sei, im noblen San Marco zu leben. Die Gymnasialzeit absolvierte Riccardo in der renommiertesten Schule Venedigs. Im Liceo Marco Polo mit Sitz im Palazzo Martinengo Valier da Riva in Castello haben auch Massimo Cacciari, Philosoph und Ex-Bürgermeister Venedigs, Gianni De Michelis, unter anderem Außenminister im Kabinett Bettino Craxis, der Komponist Luigi Nono und der Verfasser zahlreicher hervorragender Bücher über Venedigs Geschichte, Alvise Zorzi, ihren Schulabschluss gemacht.

Mit Riccardo Held, der heute in Santa Croce wohnt, durch San Marco zu spazieren (meist spätnachts, weil da nicht mehr ganz so viel los ist um und auf der Piazza) und über den Zustand seiner Stadt zu sprechen, ist eine Mischung aus kühlem Verstand und einem traurigen Herzen. Die Stadt verschleudert sich selbst. 1961, das Jahr,in dem Riccardo Held in die Schule kam, hatte Vene-

Castello

digs Altstadt nahezu 140.000 Einwohner, heuer sind es nicht einmal mehr 59.000. Die jeweilige Zahl aktualisiert Stefano Soffiato einmal pro Woche in seiner **Apotheke** auf dem Campo San Barolomeo: In der Auslage läuft die elektronische Anzeige mit der lakonischen Überschrift *In quanti siamo oggi?* – Wie viele sind wir heute? – Tag und Nacht. 27 Prozent der Wohnungen sind im Besitz von Nicht-Venezianern und stehen meistens monatelang leer. Die Venezianer selbst können sich das Wohnen in ihrer Stadt kaum noch leisten und sind zunehmend gezwungen, in die Wohnsilos Mestres zu übersiedeln, um den Luxus ihrer autofreien Stadt den Touristen zu überlassen. Und die Anzahl der Touristen? Die offizielle Zahl lautet 22 Millionen pro Jahr, die Dunkelziffer, lanciert von der Umweltvereinigung Italia Nostra, beläuft sich auf knapp 30,4 Millionen. Davon verbringen die meisten durchschnittlich vier (sic!) Stunden oder höchstens einen Tag in Venedig. Und sie halten sich an immer denselben Orten auf: Manchmal im Sommer, wenn der Ansturm ein Übermaß annimmt, müssen Polizisten den Fußgängerverkehr auf den Mercerie zwischen San Marco und Rialto regeln, andernfalls käme es zum totalen Kollaps. 15 Skurriles

In San Marco findet man heute kaum noch ein Geschäft für Waren des täglichen Bedarfs. Und auch in den anderen Stadtteilen bahnt sich Ähnliches an. Auf der Salizzada Sant'Antonin im Quartiere dei Greci in Castello gibt es 43 Geschäftslokale. Bis vor gar nicht allzu langer Zeit war nicht eines davon ein Geschäft für Touristen. Heute sind es 23.

Das größte Verhängnis für Venedig aber sind die Kreuzfahrt- und Fährschiffe, die mehrmals pro Woche von ihren Liegeplätzen an der Stazione di Marittima in die Adria aufbrechen. Wer einmal an den Zattere gestanden ist und gesehen hat, wie sich ein solches Monstrum durch den Canale della Giudecca schiebt, vergisst den Anblick dieser vollkommenen Perversion jeglicher Ästhetik nicht mehr. Venedig wird zum Kartenhaus, der Campanile zum Streichholz, die Dogana da Mar zu einem papierenen Schiffchen. Die Metaphern kommen nicht von ungefähr, denn die Schiffe gefährden Venedig in vielfacher Weise. Die Schadstoffemission während des Aufenthalts eines Schiffes in der Lagune entspricht dem Äquivalent von 15.000 Kraftfahrzeugen. Was entsteht, ist ein fataler Cocktail aus Abgasen und salziger Luft, der den Atemwegen der Venezianer auf Dauer arg zusetzt und Marmor in bröseligen Kalk verwandelt. Die Bewegung der Schiffsschraube verursacht ein leichtes Dauerbeben, das Venedigs fragile Fundamente aus Baumstämmen, auf denen all die Häuser, Paläste und Kirchen errichtet wurden, immens gefährdet. Als im Juli 2011 gleichzeitig sechs Kreuzfahrtschiffe im Hafen lagen, entließen diese insgesamt 35.000 Passagiere für ein paar Stunden in die Stadt. Sie gesellten sich zu den rund 70.000 Besuchern, die bereits da waren. 1,8 Touristen auf jeden Einwohner. Ein Horror nicht nur für Klaustrophobiker.

Man weiß das alles, und man tut auch etwas dagegen – allerdings vergeblich. Denn als Giorgio Orsoni, der Bürgermeister, unlängst eine Verfügung erließ, die diese Ungetüme aus der Lagune verbannen sollte, zuckte Hafendirektor Paolo Costa bloß mit den Schultern – und ging zum Tagesgeschäft über. Costa, einst Rektor der venezianischen Universität, dann Bürgermeister Venedigs und Minister im Kabinett Romano Prodis, wird nicht müde zu erklären, dass es sein Hafen sei, der Venedig Geld bringe. Tapfer tritt das Comitato No Grandi Navi, das Komitee gegen große Schiffe in der Lagune, dagegen an. Immer wieder auch mit lautstarken Demonstrationen auf vielen kleinen Booten, die sich im Bacino di San Marco todesmutig an die Flanken der Hochseemonster wagen.

Es sind auch Nicht-Venezianer, die mit Verve Venedig zu retten versuchen und viel Geld von wohlhabenden und nicht ganz so wohlhabenden Sponsoren in die Restaurierung von Bauten und Interieurs stecken. Die bekanntesten sind die amerikanische Vereinigung Save Venice und die britische Venice in Peril. Letztere verkündet auf ihrer Homepage, dass die einzige individuelle Möglichkeit, etwas für die Stadt zu tun, darin besteht, Venedig nicht zu besuchen. Das kann es wohl nicht sein. Und auch nicht der Vorschlag von Italia Nostra, nur reiche Individualtouristen in die Stadt zu lassen. Wie wäre es damit: den Tagestourismus radikal unterbinden und eine Mindestaufenthaltsdauer von vier oder fünf Tagen (sowieso viel zu wenig, um Venedig auch nur oberflächlich kennenzulernen) zu verordnen?

Riccardo Held bedauert, dass so gut wie alle Autoren bei der Beschreibung Italiens im Allgemeinen und Venedigs im Besonderen versagen: Anstatt Tatsachen zu berichten, ergehen sie sich in Schwärmerei über Sonnenuntergänge und italienisches Lebensgefühl. Ich habe es mir zu Herzen genommen und die dunklen Seiten der Stadt nicht übersehen. Denn auch das ist Venedig.

Was könnte nach dem Report so vieler erschreckender Fakten beruhigender wirken als die freundliche Atmosphäre einer Buchhandlung? Meine Lieblingsbuchhandlung liegt in Cannaregio, heißt **Old World Books** und gehört dem aus London über Florenz nach Venedig eingewanderten Briten John Francis Phillimore. Buchhandlungen in Venedig haben es nicht einfach. Da gab es auf dem 16 Kultur

Campo San Luca die schöne La Tarantola mit dem tiefgrünen Holzportal, beim Bacino Orseolo gleich hinter der Piazza eine Kunstbuchhandlung und auf der Salizada San Moisè die große Mondadori-Buchhandlung. Alle drei sind mittlerweile geschlossen, in den beiden erstgenannten, deren Besitzer sich die astronomischen Mieten San Marcos einfach nicht mehr leisten konnten, werden Masken aus Korea und Glasgondeln aus China verkauft. John Francis Phillimore, der auch Lyriker und Mitglied der Casa delle Parole ist und ansonsten einen ganz unvenezianisch trockenen britischen Humor an den Tag legt, hat es mit seiner Buchhandlung am Fuß des Ponte del Ghetto Vecchio besser getroffen. Die Mieten hier sind immer noch bezahlbar, die Touristen, die es bis hierher schaffen, meist wirklich interessiert und vor allem zivilisiert. John hat viele Stammkunden, auch Reisende, die immer wiederkehren. Für seine Lieblinge hält er immer eine Flasche gut gekühlten Prosecco bereit. Mit mir geht er hoffentlich zum Mittagessen, vielleicht ins Gam Gam, das koschere Restaurant, das zwar beileibe kein Geheimtipp mehr ist, aber immer noch ein Vergnügen.

Bruno Ganz, der sich vor mehr als zehn Jahren in Venedig angesiedelt hat und hier wenigstens ein paar ruhige Wochen im Jahr verbringt, lässt sich leider zu keinem Rendezvous überreden. Er will seine Privatsphäre wahren. Dagegen lässt sich nichts machen. Ganz schickt mich stattdessen zu Ulrich Tukur und seiner Frau Katharina John, auf dass mir die beiden ihre Giudecca zeigen. Gute Idee, aber zu spät, denn Katharina und ich kennen einander bereits seit ein paar Jahren und ihre abenteuerliche Geschichte, wie sie und ihr Mann nach Venedig kamen, ist mir ebenso vertraut wie ihre Liebe zur Giudecca. Denn Katharina ist keine Teilzeit-Venezianerin, sondern lebt immer hier. Nun aber tröste ich mich damit, jetzt doch noch zu **Santa Maria dei Miracoli** zu gehen. Hier, an der Seite der Apsis der Kirche, auf dem kleinen Campiello dei Miracoli wurde das Finale des berührendsten aller Venedig-Filme gedreht: „Brot und Tulpen" von Silvio Soldini, in dem Bruno Ganz auf diesem kleinen Platz Tango mit Licia Maglietta tanzt. In diesem Augenblick ist niemand da, der mit mir tanzt, so bleibt mir immerhin diese kleine Kirche mit ihrer bunten Marmorverkleidung, die sie aussehen lässt wie ein kostbares Schmuckkästchen. Das nächste Mal kehre ich spätestens dann hierher zurück, wenn wieder **Flohmarkt** ist, auf dem es nicht nur Bilder und Bücher, sondern auch Glas, Möbel, Schmuck und Kleidung gibt.

17 Kultur

18 Skurriles

Polenta

Sie ist die Beilage *im Veneto (und auch im Friaul): Polenta, der vielfältige Brei aus Maisgrieß oder Maismehl, der sowohl zu Fleisch als auch zu Fisch oder Gemüse hervorragend passt. Ob als Brei oder als feste, nochmals angebratene Schnitten (auf denen sich z. B. der baccalà mantecato hervorragend macht), ob mit Maisgrieß oder Maismehl hergestellt: Die Zubereitung macht zwar ein bisschen Mühe, doch das Ergebnis entschädigt vielfach dafür.*

* 1 l Wasser
* 300 g Polenta
* 1–2 TL Salz
* Muskatnuss, frisch gerieben
* Butter
* Grana padano zum Verfeinern

***

Das Wasser in einem großen Topf zum Kochen bringen, Salz hinzufügen und die Polenta unter ständigem Rühren mit einem langen Holzlöffel in das Wasser rieseln lassen. Die Hitze reduzieren und die Polenta langsam garen. Das dauert rund 50 Minuten, in denen man auf keinen Fall aufhören darf zu rühren. Wenn die gewünschte Konsistenz erreicht ist, Muskatnuss, ein paar Butterflocken und eventuell Grana einrühren und vom Herd nehmen. Aus dem Kochtopf wird der Brei auf ein nasses Brett gekippt, notfalls mit einem Messer glattgestrichen und mit einem straff gespannten Kochgarn in Stücke geschnitten. Ausgekühlte Polenta ist auch gut mit einem Messer zu schneiden. Man kann sie dann in Olivenöl braten oder grillen. Wenn man Polentabrei servieren möchte, kann man diesen ohne den Umweg übers Holzbrett aus dem Topf schöpfen. Zum klassischen Zubereiten der Polenta gehören eigentlich zwei spezielle Kochgeräte: der Polentatopf aus unverzinktem Kupfer und die *mescola*, ein Rührstab aus Holz.

Risotto nero

Ich gestehe: Meine Lieblingsspeise ist es nicht, doch ein Buch, in dem sich ein paar venezianische Rezepte versammeln, ist ohne Tintenfischtinte nicht vollständig. Hier ist sie also, eine der unzähligen Varianten, wie man Tintenfisch samt seiner Tinte zur venezianischen Spezialität verarbeiten kann.

* 750 g Tintenfisch mit Tintenbeuteln
* 1 Zitrone
* 250 g Vialone (Risottoreis)
* Petersilie
* 1 Zwiebel
* 2 Knoblauchzehen
* Olivenöl extra vergine
* 250 ml trockener Weißwein
* 750 ml Fischfond (oder selbst gekochte Fischbrühe)
* Salz
* Pfeffer aus der Mühle

***

Die Tintenfische putzen und waschen, die Tintenbeutel sorgfältig in eine Schüssel legen. Körper und Tentakeln in feine Streifen schneiden und für ca. eine halbe Stunde in eine Marinade aus Olivenöl, Zitronensaft und fein gehackten Knoblauchzehen einlegen. Die fein geschnittene Zwiebel in Olivenöl anschwitzen, das Tintenfischfleisch abtropfen lassen, beifügen und unter Rühren gut anbraten. Die Marinade, den Wein und die Tinte aus den Beuteln zugießen, 20 Minuten köcheln lassen und hin und wieder etwas Fischfond dazugeben.

Danach den Reis einstreuen, den restlichen Fischfond zugießen und unter ständigem Rühren den Reis bissfest garen. Mit Salz und Pfeffer abschmecken und mit gehackter Petersilie anrichten.

Der zweite Morgen

Zwischen Blumen, Früchten, Gemüse und Fisch

Es gibt sie, die Gegenentwürfe zur These, ganz Venedig sei ein überdimensioniertes Freiluftmuseum. Man findet sie in Seitengassen sogar in San Marco, man findet sie eigentlich überall abseits der verstopften 08/15-Routen, man findet sie vor allem auf den Märkten. Und nirgendwo sind sie so sehr zu entdecken wie früh am Morgen auf
Skurriles 19 dem **Rialto**.

Das Getriebe beginnt gegen sieben Uhr, im Sommer noch früher. Der erste Hinweis darauf ist der Canal Grande, auf dem noch keine Gondelverbände inklusive Akkordeonspielern und Sängern (die übrigens meistens neapolitanische Lieder singen) unterwegs sind. In seinem schimmernden Wasser spiegeln sich die Palazzi – die, venezianisches Understatement, eigentlich Ca', also Casa, genannt werden –, als würden sie sich vor dem Ansturm ihrer Morgentoilette widmen, und die Vaporetti sind noch fast leer. Dazwischen tauchen immer mehr

Lastkähne auf. Ihre Fracht leuchtet in allen Farben eines Paradiesgartens, ihre Lenker sind – seltsamer Gegensatz zum eigenen Empfinden, vor diesem Übermaß morgendlicher venezianischer Schönheit fast in die Knie zu gehen – die personifizierte Entspannung. Nicht wenige, die ihre Boote ganz nonchalant mit dem Hinterteil lenken, damit sie beide Hände frei haben, um sich eine Zigarette anzuzünden. Sie kommen vom Tronchetto, wohin all die Köstlichkeiten von den Laguneninseln und dem Festland zuerst geliefert werden – der Salat von Vignole ebenso wie die frischen *castraure* – junge Artischocken – und die unvergleichlichen *sparselle* – fast blumenstengeldünner grüner Spargel – von Sant'Erasmo. Und natürlich bringen sie Fisch und Meerestiere aus Burano. Unmengen davon, wie es scheint. An den hölzernen Stegen vor dem Campo della Pescaria löschen sie ihre Ladung, während andere die Marktstände aufbauen, die Planen, die sie vor der Sonne schützen, zurechtrücken und das Gemüse, die Früchte, die Blumen und den Fisch zu bunten Bildern arrangieren. Die perfekt aufeinander abgestimmten Bewegungen, das Laufen von hierhin nach dorthin, alles effizient, alles mit Ziel – man hat den Eindruck, einer perfekt einstudierten Choreografie zuzusehen. Und eigentlich große Lust, einfach zuzugreifen und mitzumachen.

Man tut es natürlich nicht. Man würde nur stören und ungeschickt das Tanzen aus dem Takt bringen. Schon als einzelner Zuseher fühlt man sich ein bisschen wie der einzige Fisch in einem Aquarium. Ich genieße diese Morgen ungeachtet dessen sehr, auch im Winter, wenn das Getriebe etwas später beginnt, wenn die Stimmung eine ganz andere wird. Wenn die Gemüseboote nicht durch das Licht eines blassblauen Morgens fahren, sondern langsam aus dichtem Nebel auftauchen. Eines nach dem anderen, als würden sie erst kurz vor ihrem Erscheinen ihre feste Form annehmen. Ob kalt oder warm, Nebel oder klares Licht: Meine Rialto-Morgen beginnen oben auf dem Scheitel der Brücke. Später werde ich keine Chance und keine Ruhe mehr haben für diesen Ausblick auf den Canal Grande. Ab etwa halb zehn Uhr nämlich wird der Sinn der Brücke, ein Verkehrsweg zwischen San Marco und Rialto zu sein, in sein Gegenteil verkehrt. Sie wird zum Stehplatz, auf dem keiner mehr sieht, was ihn umgibt, weil sich alle gegenseitig fotografieren und den Kanal und seine Bauten zur Kulisse degradieren. Viele Venezianer versuchen tunlichst, den Ponte di Rialto tagsüber zu meiden, weil einfach kein Durchkommen ist. Jetzt aber ist er noch leer, dieser elegante Bogen auf seinen 6.000 Ulmenpfählen, der viel besser hierher passt als es Palladios ernsthafter Entwurf getan hätte. Wie eine Patrizierin aus alten Zeiten kann ich die Treppe, deren Verlauf mit den breiten Absätzen alle paar Stufen jede Eile verbietet, in der Mitte hinaufschreiten, oben zwischen nordwestlicher und südöstlicher Balustrade wechseln und wie jedes Mal versuchen, den beiden Seiten des Canal Grande die richtige Bezeichnung zu geben: *de citra* für jene von Cannaregio und San Marco, *de ultra* für die andere, wo Santa Croce, San Polo und Dorsoduro liegen. Also liegt der Fondaco dei Tedeschi auf der de-citra-Seite.

Was muss es für ein Anblick gewesen sein, als an der Fassade dieses im Konzert venezianischer Bauten massig wirkenden Gebäudes noch die Fresken Tizians und Giorgiones leuchteten. Was für ein Getriebe muss hier geherrscht haben, als die Fugger und all die anderen Händler aus dem Reich unter der strengen Aufsicht der Visdomini und mit Hilfe der *messeti*, einer Mischung aus Mediator, Dolmetscher und Agent der Serenissima (in der

Palazzo dei Camerlenghi

absolut nichts geschah, was nicht der Kontrolle der Republik unterstand), ihre Geschäfte abschlossen.

Heute liegt er still da, und keiner weiß, was ihm geschehen wird. Vor vier Jahren hat die Poste Italiane den *fondego*, wie er auf Venezianisch heißt, um kolportierte 53 Millionen Euro an Benetton verkauft. Doch seit die Pläne des niederländischen Architekten Rem Koolhaas bekannt wurden, der für Benetton aus dem Gebäude ein Einkaufszentrum samt obligatorischem Dachterrassencafé machen soll, blockieren die Gegner: viele Venezianer, Italia Nostra und das Denkmalamt. Das riesige dreigeschossige Renaissancegebäude mit dem Atrium, dem Backsteinboden, dem Brunnen und den Arkadengängen wäre ein Traum von einem Wohnhaus für Venezianer. Denn ehrlich, ein Einkaufszentrum, in dem es all das gibt, was man überall sonst auf der Welt ebenso kaufen kann, ist genau das, was Venedig nicht braucht.

Verborgen hinter einem Baunetz liegt auch die Ca' da Mosto, ein Patrizierpalast aus dem 13. Jahrhundert, der älteste am Canal Grande, und damit eines der ganz wenigen Relikte veneto-byzantinischer Profanarchitektur aus dem Hochmittelalter. Zurzeit wird die Ca' da Mosto renoviert – was höchst an der Zeit war, weil der Bau bereits in einem erbärmlichen Zustand ist –, dann soll ein Hotel darin eingerichtet werden. Damit wird eine alte Tradition wieder aufgenommen, befand sich doch in diesem Palazzo zwischen dem 15. und dem 18. Jahrhundert eine der berühmtesten Herbergen der Stadt: Im Albergo Leon Bianco stiegen illustre Gäste ab, darunter Kaiser Joseph II. und der russische Zar Paul I. Man kann also nur das Beste hoffen, muss sich aber bewusst sein, dass das Innere vollkommen verändert werden muss, dass die alten Mauern ausgehöhlt werden müssen für elektrische Leitungen und

Abflüsse aus den Badezimmern. Die Ansprüche heutiger Gäste sind andere als jene vor ein paar hundert Jahren. So bleiben die Hülle und hoffentlich zumindest die Freitreppe im Innenhof.

Zurück zu Erfreulicherem, zurück auf den Markt, wo mittlerweile Gemüse, Früchte und Blumen in allen nur erdenklichen Farben an den Marktständen zum Verkauf bereitliegen. Und auch die Fische, die Hummer, Muscheln, Seespinnen, Langusten und – im Frühling – die *moeche* (oder Moleche): Diese kleinen Krabben sind eine Lagunenspezialität, die es nur in der kurzen Zeit gibt, in der sie, ihrem natürlichen Rhythmus folgend, ihren alten, harten Panzer abgeworfen haben und der neue noch nicht nachgewachsen ist. In bestimmten Mondphasen schimmert ihr schutzloser Körper, dann sind sie den Fischern ausgeliefert.

Bis sich gegen halb zehn Uhr das Publikum zu mischen beginnt, ist der Markt fest in venezianischen Händen. Es wird gustiert, über Zubereitungsarten von Gemüse und vor allem Fisch gefachsimpelt, eingekauft. Einer der fleißigsten unter den Fischhändlern ist der Besitzer des kleinsten Fischstandes ganz oben beim Campo delle Beccarie. Warm eingepackt in ein kariertes Flanellhemd und dicke Hosen, die Beine in grünen Gummistiefeln, putzt er Fische und öffnet die Capesante, die Jakobsmuscheln, wie am Fließband. Zanni rufen ihn die Damen, und so wie es aussieht, genießt er das Vertrauen vieler Stammkunden. Denn wenn gerade keiner zum Einkaufen da ist, arbeitet er ganze Listen an Bestellungen ab. Gegenüber, beim großen Fischstand, sind die Showmaster zu Hause, die einem einen Hummer, der in seiner Not mit den Scheren klappert, schon einmal knapp vor die Nase halten, bevor sie ihn in Papier einschlagen.

Viel Getriebe ist auch auf dem Campo Cesare Battisti
Kulinarik 20 già della Bella Vienna, wo **Al Mercà** für rund anderthalb Stunden seinen Rollladen hochfährt. Diese kleine Bar, die im Wesentlichen nicht mehr ist als eine Nische im dahinterliegenden Gebäude, weshalb sich die Gäste auf dem halben Platz verteilen, ist immer genial und immer einen Besuch wert (sie sperrt nach dem morgendlichen Ansturm zu und öffnet später wieder). In der Früh ist sie ein Faszinosum, wenn hier statt schicker Venezianer und fußmüder Touristen die Marktarbeiter ihre erste *ombra* oder ihren *prosecchino* trinken und mit ein, zwei *pannini* den Kohlehydrat- und Fetthaushalt ihres Körpers nach der harten Arbeit wieder ins Gleichgewicht bringen.

Alkohol um diese frühe Stunde, fürchte ich, überfordert meine Innereien. Also trinke ich Kaffee in der *pasticceria* mit dem vielversprechenden Namen Dolce Vita in der Ruga dei Spezieri, wo früher die Gewürzhändler ihr Hauptquartier hatten. Und dann warte ich,
Kulinarik 21 bis die **Casa del Parmigiano** aufsperrt, um ohne Warteschlange an die beste *pasta fresca* der Stadt zu kommen.

Castraure

Die Artischocken von den Laguneninseln, vor allem natürlich von Sant'Erasmo und von Vignole, sind kleiner als die üblichen Artischocken, haben jedoch einen intensiveren Geschmack als Letztere. Castraure sind die ersten Artischockenknospen, die die Pflanze im Frühjahr hervorbringt. Sie werden abgeschnitten, weil diese Maßnahme die Voraussetzung für ein kräftiges Wachstum ist. Die jungen castraure sind eine ganz besondere Spezialität, die man am besten gebraten oder gedünstet genießt.

Gebratene castraure

* Artischockenknospen
* Mehl
* 1 Ei
* Öl zum Braten
* Salz

Gedünstete castraure

* Artischockenknospen
* Knoblauch
* Petersilie
* Olivenöl
* Salz

***

Gebraten: Die äußeren Blätter der Knospen entfernen, die *castraure* der Länge nach je nach Größe entweder in Hälften oder Viertel schneiden. Die Stücke in Ei und Mehl wenden und in heißem Öl herausbacken. Auf Küchenpapier abtropfen lassen und salzen.

Gedünstet: Die äußeren Blätter der castraure entfernen, das Gemüse im Ganzen in einen Topf legen, ganz fein gehackten Knoblauch darübergeben, salzen und mit Wasser bedecken. Dünsten, bis sie weich sind, aus dem Topf nehmen und mit Petersilie und Olivenöl anrichten.

Fragole all'aceto

Zugegeben, dieses Rezept ist nicht hundertprozentig venezianisch, wird aber gerne in Venedig zubereitet. Der Grund ist wahrscheinlich die paradiesische Überfülle auf dem Gemüsemarkt: Wenn im Spätfrühling die Erdbeeren tiefrot im venezianischen Licht leuchten, muss man sich für diese köstlichen Früchte einfach etwas einfallen lassen!

* 500 g aromatische Erdbeeren (Walderdbeeren wären ideal)
* 2 EL Balsamicoessig bester Qualität
* 1-2 EL Zucker

***

Die Erdbeeren waschen, gut abtropfen lassen und von Stielen und Blättern befreien. Die Erdbeeren in eine Schüssel geben, mit Zucker bestreuen und mit Aceto balsamico beträufeln. Vorsichtig mischen und mindestens eine Stunde zugedeckt ziehen lassen. Am besten schmecken die Fragole all'aceto schön kalt, begleitet werden sie idealerweise von einem Glas erstklassigem Prosecco.

Fegato alla venexiana

Rund um den Rialto sind seit Jahrhunderten auch die Metzger zu Hause, woran der Campo delle Beccarie, der Platz der Fleischhauer, am oberen Ende der Fischhalle erinnert. Auf dem Platz selbst gibt es heute zwar keinen Metzger mehr, doch beim Gemüsemarkt und in den Nebengassen kaufen die Venezianer frische Kalbsleber für eine Speise, die nachgewiesenermaßen seit dem 16. Jahrhundert genossen wird.

* 500 g Kalbs- oder Milchkalbsleber
* 350 g Zwiebeln
* Petersilie
* Olivenöl extra vergine
* 2 EL Butter
* 100 ml Fleischfond
* Salz
* Pfeffer aus der Mühle

***

Die enthäutete Leber in schmale Streifen, die Zwiebeln in feine Ringe schneiden und die Hälfte der Petersilie fein hacken. In einer Pfanne Olivenöl erwärmen, die Butter darin schmelzen lassen, Zwiebelringe und Petersilie zugeben und bei mäßiger Hitze ca. 10 Minuten dünsten. Wenn die Zwiebeln glasig sind, den Fond angießen, die Temperatur erhöhen und die Leber dazugeben. Unter häufigem Wenden garen, das dauert ca. 5 Minuten. Zum Schluss nach Geschmack mit Salz und frisch gemahlenem Pfeffer würzen, auf Tellern anrichten, mit der restlichen fein gehackten Petersilie bestreuen und mit Weißbrot oder Polenta servieren.
Es gibt eine (von vielen) Zubereitungsvariante, bei der die Zwiebeln durch Trockenfrüchte ersetzt werden. Geschmort wird dann mit Süßmost und gewürzt mit etwas Essig, Zucker, Zimt und Nelken.

Die Entdeckungen des Vormittags

Unterwegs in San Polo und Santa Croce

Wenn man den Morgen auf dem Rialto verbringt, ist das eine schöne Gelegenheit, vormittags in aller Ruhe durch San Polo und Santa Croce zu streifen. Gebäude und Wege, selbst Restaurants rund um den Rialto erinnern an das alte Handelszentrum. Die Ruga dei Oresi, wo die Goldschmiede arbeiteten, die unscheinbare Sackgasse Calle della Sicurtà, wo die Kaufleute ihre Warentransporte versichern lassen konnten, natürlich der Palazzo dei Camerlenghi direkt am Fuß des Ponte di Rialto, wo sich die Finanzverwaltung der Serenissima befand und – man sieht es an den vergitterten Fenstern im Erdgeschoss – Schuldner eingesperrt wurden. Und natürlich Gobbo, der Bucklige vom Rialto. Seit mehr als vierhundert Jahren kauert er auf dem Campo San Giacomo di Rialto unter seiner schweren Steinplatte, von der aus die Beamten der Serenissima Verordnungen und Neuigkeiten verkündeten. Gleich nebenan erstrecken sich Scarpagninos nach dem verheerenden Brand von 1514 errichteten Fabbriche vecchie, wo die Osteria Banco Giro darauf Bezug nimmt, dass sich hier Venedigs mobile Kreditbank befand. Nebenan erinnert das Fusion-Restaurant Naranzaria an den ursprünglichen Zweck seiner Räume: Hier wurden die Zitrusfrüchte gelagert.

Die Gegend um den Rialto ist immer noch sehr lebendig. Man merkt das, wenn man sich ins Gassengewirr begibt, wo sich eine ganze Reihe völlig unprätentiöser Läden befindet, in denen man alles bekommt, was man für den Alltag braucht: Nahrungsmittel, Papiertaschentücher, Tierfutter und Ersatzdichtungen für Kaffeemaschinen. Nur fünf Minuten vom Rialto entfernt befindet sich der sehr stille Campiello del Sole, wo Gabriele Gmeiner ihre Schuhwerkstätte **Scarpe su Misura** betreibt. 22 Handwerk Die Vorarlbergerin verschlug es zufällig nach Venedig, anderthalb Jahre waren geplant. Doch dann war da diese leerstehende *botega*, die Möglichkeit, sich selbstständig zu machen, und schließlich auch die Liebe. Heute, sagt Gabriele, ist sie ganz zu Hause in Venedig und hat ihre Jahre der Unentschiedenheit hinter sich gelassen. In die Stadt kam sie, weil sich die Möglichkeit ergab, beim legendären Rolando Segalin in der Calle dei Fuseri in San Marco zu lernen und zu arbeiten. Segalin dürfte große Anziehungskraft auf kreative Frauen gehabt haben. So ging auch **Giovanna Zanella**, Schöpferin wunderbar 23 Handwerk fantasievoller Schuhskulpturen, durch seine Schule.

Vom Campiello del Sole sind es nur ein paar Ecken und eine Brücke bis zum Rio Terà delle Carampane und zur Ponte delle Tette, wo die *Provveditori sopra la Sanità*, die Gesundheitsbeamten, die Prostituierten Venedigs unter Kontrolle zu halten versuchten, indem sie sie in einem abgegrenzten Gebiet ansiedelten. Die Zahlen

Cannaregio

differieren, doch im 16. Jahrhundert sollen rund 11.000 *meretrice*, Huren, ihrem Gewerbe in Venedig nachgegangen sein, die *cortigane oneste*, die ehrenwerten Kurtisanen, nicht eingerechnet. Zu ihnen zählte die gleichermaßen schöne wie geistreiche Angela Zaffetta, die Pietro Aretino und seinen Kreis im Sturm eroberte. „Ich habe Fasane und die Zaffetta zu bieten", schrieb Aretino einmal an seine Freunde Tizian und Jacopo Sansovino, als er sie in seine Räume in der Ca' Bolani Erizzo (sie liegt direkt neben der Ca' da Mosto) einlud.

Zwei Brücken bloß und ein paar Ecken vom Rio Terà delle Carampane entfernt, auf dem Rio Terà Secondo beim Campo San Agostin, wird man an eine ganz andere Tradition Venedigs erinnert: Auf dem kleinen gotischen Haus mit der Nummer 2311 (es ist immer noch San Polo) gibt es eine Marmortafel, die an den **Buchdrucker Aldo** 24 Geschichte
Manuzio erinnert. Venedig, das ab dem 19. Jahrhundert ganze Heerscharen von Dichtern und Poeten, Lyrikern und Schriftstellern angezogen hat, kann – bezogen auf die Epoche der Republik – selbst auf nur wenige Schriftsteller zurückblicken. Zwar war das Bildungsniveau gar nicht so gering und es ist davon auszugehen, dass im 16. Jahrhundert wenigstens ein Viertel der venezianischen Bevölkerung des Lesens und Schreibens mächtig war. Doch vor allem konnte man rechnen: Das Bildungsziel war in erster Linie ein praktisches, das dem Handel und der Staatskunst dienen sollte. Mit Philosophien, Utopien und Poesie dagegen wusste man wenig anzufangen. All das half weder beim Bilanzieren noch brachte es die Schiffe der Serenissima mit ihrer kostbaren Fracht sicher über das Mittelmeer.

Umso erstaunlicher also, dass Venedig zu einem europäischen Zentrum der Buchproduktion wurde. Bereits knapp zwei Jahrzehnte, nachdem Johannes Gutenberg seine bahnbrechende Jahrtausenderfindung gemacht hatte, ließ der Senat verkünden: „Diese denkwürdige Erfindung unserer Zeit, früheren Epochen ganz und gar unbekannt, soll auf jegliche Art unterstützt und gefördert werden“, und stellte die erste Druckerlaubnis aus. Weniger verwundert da, dass auch die erste Urheberrechtsregelung in Venedig eingeführt wurde, damit sich die Investitionen des Buchdruckers auch sicher lohnten (und höhere Steuern lukriert werden konnten). Was Venedigs gewinnorientierte Obrigkeit wohl sofort erkannte: Hier gab es eine Möglichkeit, einen Artikel in Massen herzustellen. Wissen wurde zur Ware. Zur Ehrenrettung sei aber auch erwähnt, dass zur Zeit der Gegenreformation kein Staat eine solch liberale Haltung gegenüber Veröffentlichungen an den Tag legte wie die Serenissima. Mehr als einhundert Druckereien gab es im Venedig des beginnenden 16. Jahrhunderts. In ihnen wurde ein Sechstel aller in Europa publizierten Bücher gedruckt.

Der berühmteste Drucker war Aldo Manuzio, der aus Bassiano in der Nähe Roms stammte und 1492 seine erste Werkstatt in der Serenissima Repubblica eröffnete. Er publizierte vor allem die Schriften antiker Autoren (zahlreiche Manuskripte verstaubten seit dem „Kreuzzug“ von 1204, als man sie in Konstantinopel geraubt hatte, im Vorläufer der Biblioteca Marciana), ging aber auch als Erfinder der Antiqua-Schriften in die Geschichte der Buchkunst ein und verwendete erstmals die von ihm und seinem Schriftschneider Francesco Griffo entwickelte Kursivschrift. Manuzio war mehr als bloß Drucker, er war Verleger und Buchkünstler und beschäftigte in seiner Werkstatt Typografen, Buchbinder und Korrekturleser. Um den Texten eine besser lesbare Struktur zu geben, führte er den festen Punkt ein und gab dem Komma seine Form. Natürlich schuf Manuzio dies alles nicht allein: Die von ihm gegründete Accademia Aldina, ein Zirkel gelehrter Herrschaften, zu dem unter anderem auch Erasmus von Rotterdam gehörte, bildete die Redaktion für seine Publikationen. Seine Buchausgaben der Werke Platos, Aristophanes', Vergils und Homers, aber auch Francesco Petrarcas und Dante Alighieris erschienen in dieser Zeit der riesigen Folianten in einem handlichen Oktavformat, das günstig herzustellen und ebenso zu verkaufen war. Damit war Venedig zwar nicht das Zentrum, wohl aber der Ausgangspunkt für die Verbreitung des Humanismus und der Renaissance in Europa.

In diesem Zusammenhang scheint es erstaunlich, dass Venedigs Glanz, sein Mythos einer wundersamen Stadt, die mitten im Wasser entstanden und unermesslich prächtig und reich geworden war, nicht von einer venezianischen Druckerei, sondern von Deutschland aus in ganz Europa verbreitet wurde. Es war der Nürnberger Kaufmann und Verleger Anton Kolb, dem die venezianische Regierung im Jahr 1500 weitreichende Privilegien gewährte, auf dass er den wohl beeindruckendsten Stadtplan der damaligen Zeit produzierte und vertrieb. Gestaltet wurde die unter der Bezeichnung „Barbari-Plan" berühmte präzise und detailreiche Vogelschau Venedigs von dem in Deutschland lebenden venezianischen Künstler Jacopo de' Barbari. Die sechs Druckstöcke zu je 68 x 91 Zentimeter dieser außergewöhnlichen Stadtansicht werden im Museo Correr auf der Piazza San Marco aufbewahrt.

Genug der Kulturgeschichte. Es wird Zeit für einen Aperitif. Ein fast ganz gerader Weg (zuerst der Rio Terà

Primo oder Parrucchetta, der in die Calle del Tintor übergeht) und nur eine Brücke liegen zwischen dem Geburtsort der venezianischen Buchdrucktradition und Skurriles 25 dem **Campo San Giacomo da l'Orio**. Was immer der Grund ist, aber dieser Campo ist mein ausgesprochener Liebling. Auch hier gilt, was für ganz Venedig relevant ist: Er ist mehr als die Summe seiner Teile, weil sie alle nicht einzeln bestehen, sondern in Beziehung zueinander sind: die gelöst-heitere Atmosphäre, die vielen spielenden Kinder, die Mütter, die sich – die Kleinen immer im Blick – miteinander unterhalten, die alten Herrschaften, die auf den Bänken Zeitung lesen, die kleine Grünfläche mit Bäumen, Blumen und Gras, durch die sich, als wäre sie ein Miniatur-Park, ein schmales Weglein schlängelt, die Kirche mit ihrem Dachstuhl in Form eines kieloben liegenden Schiffes, die zu den ältesten Venedigs zählt und der Lebendigkeit des Platzes diskret den Rücken zuwendet, und auch der im buchstäblichen Sinn „schräge" Palazzo mit der Hausnummer Santa Croce 1624: Es heißt, es sei ein Jude gewesen, der sich das Haus errichten ließ. Um vom Balkon vor seinem Portego nicht auf die katholische Kirche schauen zu müssen, ließ der Bauherr Balkon und auch Fensterstöcke nicht im rechten Winkel, sondern ein wenig schief installieren. Man kann sich das in aller Ruhe ansehen – vielleicht mit einem Glas Prosecco oder Verdiso frizzante im Al Prosecco gleich gegenüber.

Sprizz alla venexiana

Er gehört zu Venedig wie der Canal Grande, ist aber mittlerweile in halb Europa zum obligatorischen Aperitif geworden: der Sprizz, der im Original eigentlich Spritz geschrieben wird und im Übrigen seinen Namen der Herrschaft der Habsburger über Norditalien verdankt. Ob man Sprizz bitter oder Sprizz al Aperol trinkt, ist reine Geschmacksache. Zumindest Letzteren – Aperol hat 15, Campari 25 % Alkoholgehalt – verträgt man durchaus schon am späteren Vormittag.

* 3 Eiswürfel
* 40 ml Campari (für den Sprizz bitter) oder Aperol
* 100 ml Weißwein
* Sodawasser

***

Die Eiswürfel in ein Glas geben, den Campari oder den Aperol darübergießen, mit Weißwein aufgießen und zum Schluss mit Soda aufspritzen. Dazu gibt es eine Olive oder eine Orangen- oder Zitronenscheibe. Außerdem kann man den Weißwein durch Prosecco ersetzen: In vielen Bars wird man beim Bestellen gefragt, ob man seinen Sprizz mit Wein oder mit Prosecco möchte. Vormittags ist die leichtere Prosecco-Variante jedenfalls die belebendere.

Mittags, wenn alles voll ist …

Giudecca und Lido

Meiner Erfahrung nach empfiehlt sich in Venedig ein möglichst antizyklischer Tagesablauf. Das heißt zum Beispiel: Wenn es regnet, niemals in ein Museum oder eine Kirche oder einen berühmten Palazzo gehen. Man ist nicht der Einzige, der auf diese Trockenheit versprechende Idee kommt, und in den langen Schlangen wartend, werden die Füße (und alles andere auch) viel nasser, als wenn man sich Gummistiefel anzieht und einfach durch die Stadt streift. Auf der Suche nach einer behaglichen Bar etwa. Selbst bei schlechtem Wetter – das es natürlich nicht gibt, es gibt nur falsche Kleidung – lernt man etwas über die Stadt. Die Handhabung eines Regenschirms in engen Gassen beispielsweise: Man wird a) die Segnungen eines kleinen Schirms zu schätzen lernen und b) erkennen, dass Venedig nicht die Stadt ist, in der man wie auf unseren breiten Trottoirs den Schirm kerzengerade über dem eigenen Haupt trägt. Das Resultat wären Augenverletzungen, zerstörte Frisuren, ärgerliche Begegnungen. Man kann es von den Venezianern lernen: das Handgelenk locker lassen und wenn es eng wird, den Schirm zur Seite neigen. So kommen selbst größere Kaliber relativ schadlos aneinander vorüber.

Antizyklisch heißt aber auch: Wenn mittags alle Welt in den Trattorien und Ostarien der Stadt sitzt, so manche Brückentreppe von Pizza essenden Reisegruppen besetzt ist, was nun einmal einfach kein schöner Anblick und den Spaziergang durchaus zu beeinträchtigen imstande ist, könnte man die Fahrt über den breitesten Kanal der Stadt unternehmen und ein paar Stunden auf der Giudecca verbringen. Durchaus möglich, dass aus dem zeitlich begrenzten Arrangement ein ganzer Tag wird und aus dem Kompromiss wahre Zuneigung entsteht.

Die *spina longa*, der lange Dorn, wie die Giudecca auch genannt wird, war immer ein wichtiger Teil der Stadt – und hat dennoch nie richtig dazugehört. Der breite Kanal, der einmal die Mündung der Brenta war, bildete immer eine starke Grenze, die überwand, wer sich nach Ruhe und Weite sehnte. Die Patrizier der Serenissima Repubblica schätzten die Giudecca als einen Ort, der sich in wohltuender Distanz zum Trubel der Stadt befand und der vergleichsweise weiträumiger und vor allem im Sommer weniger stickig war als etwa San Polo oder San Marco. Es ist nachvollziehbar, dass sich hier, jenseits von Kommerz und Politik, auch „Akademien" ansiedelten: die Accademia dei Filosofi und die Accademia dei Nobili, im Prinzip Gesprächsrunden intellektueller Venezianer, hatten auf der Giudecca ihren Sitz. Frischer Wind und Luftigkeit tat nicht nur den Köpfen gut, sondern auch dem Gemüt, und die, die es sich leisten konnten, errichteten auf der Giudecca ihre Sommervillen mit weitläufigen Gärten, wo Bäume und nicht

Mauern Schatten spendeten und nichts den Blick über die südliche Lagune einschränkte.

Woher sich der Name der Insel nun ableitet, ist nach wie vor Stoff für stundenlange Diskussionen unter Historikern. Die einen vertreten die These, der Name käme von der jüdischen Gemeinde, die hier einst existierte, die anderen führen den Begriff auf das venezianische Verb *zudegà* – ein Derivat aus dem italienischen *giudicato*, verurteilt – zurück: Rebellen, so sie sich nicht allzu verräterisch gegenüber dem Staat verhalten hatten, wurden in ein mildes Exil (oder vielleicht ein besonders hartes, weil die Verurteilten sehen konnten, wohin sie nicht durften) auf diese Insel verbannt. Und wieder andere hängen der Theorie an, Giudecca käme von Zudeca, Gerberei, was nicht ganz von der Hand zu weisen ist, denn Gerbereien gab es auf der Giudecca seit dem 13. Jahrhundert.

Ein Spaziergang auf der Giudecca führt jedoch nicht nur oder eher kaum noch zu den Zeugnissen der oligarchischen Kultur Venedigs, sondern vielmehr zu einem *Venezia industriale*, ein Begriff, der zwar erst für das 19. Jahrhundert geprägt wurde, durchaus aber auch auf die Epochen davor angewendet werden kann. Da gibt es zum Beispiel nahe der Vaporetto-Station Sant'Eufemia eine Arbeiterwohnanlage aus dem 17. Jahrhundert. Angelegt wurde sie um einen ungewöhnlich lang gestreckten Platz, den Corte dei Cordami, auf dem die Arbeiter früher Schiffstaue drehten. Nur ein kleines Stück weiter in Richtung Westen findet man sich auf der Fondamenta delle Convertite wieder. Hier, wo sich früher ein Konvent für gefallene Mädchen befand, die man weit ab von den Verführungen der Stadt wieder auf den rechten Weg bringen wollte, ist heute ein **Frauengefängnis** eingerichtet.

Skurriles 26

Bacino di San Marco

Der Strafvollzug ist sozial und es wird überdies von den Einwohnern sehr geschätzt. Denn die Frauen des Gefängnisses bauen im Hof biologisches Gemüse und Obst an, das sie einmal pro Woche zu überaus günstigen Preisen (nicht nur für venezianische Verhältnisse) verkaufen.

Handwerk 27 Draußen an der Fondamenta San Biagio, die parallel zum Rio delle Convertite verläuft, prangt an einem alten Backsteinbau das Zauberwort **Fortuny**. Es handelt sich dabei um jene Fabrik, in der – unter höchster Geheimhaltung! – jene Stoffe hergestellt werden, zu denen sich Mariano Fortuny y Madrazo von den Tuchen Venedigs inspirieren ließ. Fortuny, 1871 als Spross einer Künstlerfamilie im andalusischen Granada geboren, kam im Alter von achtzehn Jahren nach Venedig und entwickelte sich zu einem wahren Universalkünstler. Er war Maler, Fotograf, Bildhauer, betätigte sich als Architekt, als Ingenieur und als Erfinder. Dieser wahre Renaissancemensch fertigte sich sein eigenes Fotopapier an, band seine Bücher selbst, gestaltete seine Möbel und Lampen, erfand den Dimmerschalter fürs Theater und einen Bootspropeller. Fortunys Arbeiten, seine Lebenswelt sowie gemeinhin einfallsreich kuratierte Wechselausstellungen entdeckt man immer wieder im Palazzo Pesaro-Fortuny in San Marco. Vor allem aber entwickelte er gemeinsam mit seiner Frau Henriette Negrin, einer Expertin auf dem Gebiet natürlicher Farbstoffe, völlig neue Methoden der Textilfärbung und des Stoffdrucks. 1907 eroberte er die Welt der Mode mit einem Kleid, das gleichermaßen simpel und komplex ist, das Bezug nimmt auf den fließenden Faltenwurf, wie man ihn bei antiken Skulpturen sieht, und für seine Zeit dennoch hypermodern war: Delphos, gemacht aus hauchdünnem, plissiertem Seidensatin, der im Licht changiert und die Figur seiner Trägerin umschmeichelt. Kein Wunder, dass sich die schönsten Frauen ihrer Zeit von Fortuny einkleiden ließen, darunter Eleonora Duse, Isadora Duncan und Sarah Bernhardt. Das Herstellungsverfahren des Satins – Fortuny ließ es sich 1909 in Paris patentieren – ist bis heute ein Geheimnis. Sehr geheim geht es auch in der Fabrik zu: Man darf natürlich in den Verkaufsraum mit seinen herrlichen und fast unbezahlbaren Stoffen, man darf sogar in den Garten. Doch die Werkräume sind terra prohibita, die Fenster mit Stoffen verhängt und Fragen werden charmant, aber bestimmt abgeschmettert. Weit mehr Ansichten und Einsichten in die Kunst venezianischer Weberei (und in ihr Resultat: herrliche Stoffe) bietet **Luigi Bevilacqua** in seiner alten Werkstatt in Santa Croce, wo einige Textilien noch heute auf Webstühlen aus dem 17. Jahrhundert hergestellt werden. 28 Handwerk

Wenn jetzt, nach der hoffentlich geglückten Suche nach einem bezahlbaren Reststück Fortuny-Stoff, der Hunger schon sehr groß ist, kann man sich bloß ein paar Meter weiter bei Harry's Dolci niederlassen. Der Name führt in die Irre, denn hier gibt es nicht nur Süßigkeiten, sondern auch Fisch, Risotto und Pasta nebst einem beglückenden Blick auf Venedig. Man muss sich aber klar sein, dass man in diesem Ableger der Harry's Bar nicht einen Giudecchini, wie sich die Bewohner der Insel selbst bezeichnen, treffen wird. Ihnen begegnet man viel eher mit einem zwar nicht großartigen Blick, aber weitaus authentischer und vor allem wohlfeiler in der **Mensa interaziendale**, einer Art Betriebskantine der kleinen Werft von Giovanni Toffolo. Hier sitzt man mitten unter den Werftarbeitern, erlebt ein Venedig ganz anderer Art und das bei einem dreigängigen Menü inklusive Wasser, Wein, Espresso und Obst zum Preis von rund zwölf Euro. 29 Kulinarik

Von der Vergangenheit der Giudecca als Industriegebiet ist nicht mehr viel übrig. Das ehemalige Werksareal des deutschen Unternehmens Junghans, das hier Präzisionsmessgeräte herstellen ließ, wurde zu einem Studentenheim und zu Wohnungen umgebaut. Wohnungen wurden auch in der ehemaligen Brauerei Dreher gegenüber dem Frauengefängnis eingerichtet. Man erkennt sie von weitem an den drei Glaspyramiden auf dem Dach. Und der Mulino Stucky, bis Ende der 1930er-Jahre Italiens größte Nudelfabrik, ist heute ein Hotel der Hilton-Gruppe.

Vergangenheit sind auch die Gärten der Patrizier. Natur 30 Was blieb, ist die **Villa Hériot** in der Nähe der Vaporetto-Haltestelle Zitelle, ein neogotisches Bauwerk, das sich ein französischer Industrieller nach dem Ersten Weltkrieg errichten ließ. Weniger dem Bau, in dem sich heute eine Volksschule und eine internationale Kunstuniversität befinden, als dem Park gilt die Aufmerksamkeit: ein zauberhafter Fluchtpunkt vom Trubel Venedigs mit einer wunderbaren Aussicht auf die südliche Lagune.

Um den Park der Villa Hériot genießen zu können, ist bloß eine freundliche Frage um Erlaubnis nötig. Wahrhaft Glück benötigt man, um die Gartenlegende schlechthin sehen zu können. Mir ist es bislang nicht geglückt, doch ich gebe nicht auf (noch nicht erlebte Verführungen sind vielleicht die verlockendsten): An der Ostflanke des Rio della Croce, am Südufer der Giudecca, liegt der Garten Eden, benannt nicht nach Adams und Evas erstem Domizil, sondern nach dem Briten Sir Frederic Eden, dem ersten Besitzer des Gartens. Er ließ um 1885 einen englischen Landschaftsgarten anlegen, der lange Zeit als ein Weltwunder der Gartenkunst galt. Die große Flut von 1966 hat den Garten arg mitgenommen, 1972 kaufte das Gelände Friedensreich Hundertwasser, der Spontanvegetation gegenüber Gartenarchitektur, Brennnesseln und Brombeergestrüpp gegenüber Rosen und Lilien den Vorzug gab. Heute ist der Garten leider verlassen und nur notwendigste Arbeiten werden von selten auftauchenden Gärtnern erledigt. Vielleicht braucht es wieder einen starrköpfigen Exzentriker wie Eden oder Hundertwasser, um dem Paradiesgarten neues Leben einzuhauchen. Zum Trost bietet sich mitten in Venedig ein grandioses Exemplar der verborgenen Gärten an, jener des **Palazzo Soranzo Cappello** in Santa Croce. 31 Natur

Man kann viel Zeit auf der Giudecca verbringen. Nicht nur damit, die Palladio-Kirchen zu besichtigen, sondern auch damit, das Lebensgefühl dieser Insel zu erleben, die sich als Teil Venedigs, aber auch wieder nicht empfindet. Nach dem großen Redentore-Fest im Juli, wenn zwischen den Zattere und der Giudecca eine Pontonbrücke errichtet wird, sind die Giudecchini durchaus froh, wenn ihr eigener, gemächlicher Alltag wieder zur bestimmenden Kraft wird. So wie ich sie einschätze, geben sie ihrem eigenen Fest den Vorzug: An drei Tagen im September findet das **Festival delle Arti** statt und macht die 32 Kultur
ganze *spina longa* zur vergnügten Bühne.

Eine vollkommen andere Atmosphäre als auf der Giudecca, die irgendwo zwischen Dorf und unprätentiöser Vorstadt changiert, erlebt man auf dem Lido. Auch hier gilt: antizyklisch hinfahren – nicht im Sommer, sondern im Frühling oder im Herbst. Oder sogar im Winter, wenn das Meer bei klarer, ruhiger Luft tiefblau schimmert und sich an einer hauchdünnen Nahtstelle weit draußen mit dem Himmel verbündet. Die Unmittelbarkeit der gebauten Wunder Venedigs kann hin und wieder durchaus überfordern, dann wird ein Spaziergang an dem fast leeren **Sandstrand** zur delikaten Erholung. Nichts stört die Stille und man kann sich ein wenig vorstellen, wie es ausgesehen hat, als der Lido noch fast unentdecktes Land war. Dünn besiedelt, nicht mehr als ein kleines Dorf um Santa Maria Elisabetta oben bei der heutigen Vaporetto-Haltestelle, eine Agrarlandschaft, deren Hauptaufgabe in ihrer Geografie lag: die Lagune gemeinsam mit Pellestrina und Punta Sabbioni, der nordöstlichen Halbinsel, vor dem offenen Meer zu schützen. Erst 1857 erkannte der Unternehmer Giovanni Busetto das Potenzial der Insel und richtete das erste Strandbad ein, danach wurde der Lido sehr schnell zur eleganten Sommerdestination der europäischen Hautevolee, woran die großen Hotels der vorletzten Jahrhundertwende mit nonchalanter Geste erinnern. Unbewohnt außerhalb der Saison, rufen sie ein wenig jener Melancholie hervor, die man aus Viscontis „Tod in Venedig"-Verfilmung kennt. Im Sommer ändert sich das Bild vollkommen, der Strand ist belebt, über weite Strecken privat, und zwischen den um hohe Beträge gemieteten Strandhütten der Venezianer fallen spitze Bemerkungen zwischen erster und zweiter Reihe. Immerhin ein gravierender Unterschied, ob man aus dem Liegestuhl vor der Strandhütte einen freien Blick genießt oder bloß den auf die Rückseite der ersten Reihe.

Wer gut zu Fuß ist (und mit venezianischem Training ist man das gemeinhin), kann den Strand bis zu den *murazzi*, der Uferbefestigung aus istrischem Stein, die bereits zur Zeit der Serenissima errichtet wurde, entlangwandern, dann den Sand unter den Schuhen durch die schützenden Mauern ersetzen und so bis Malamocco gelangen. Dieser kleine, die meiste Zeit des Jahres über verschlafene Ort, der im 8. und 9. Jahrhundert Dogensitz war, ist eines meiner bevorzugten Mittagsziele. In der **Trattoria Al Ponte di Borgo** ist ein Mittagessen imstande, sich von einfacher Nahrungsaufnahme in einen glücklichen Moment wahrhaft italienischer Geselligkeit zu verwandeln. Hier funktioniert sie wunderbar, die Demokratisierung zwischen Reisenden und Einheimischen, zwischen Arbeitern und Betuchten. Man isst gut, im Garten ebenso wie auf den einfachen Bänken vor dem Gasthaus, man trinkt gut und man muss für das Vergnügen nicht extra sparen. 34 Kulinarik

Und wenn mir die rund sieben Kilometer von der Anlegestelle des Vaporettos bis nach Malamocco zu lang sind, dann nehme ich schlicht den Bus. Freunde dagegen schwören darauf, sich bei Santa Maria Elisabetta ein Fahrrad zu leihen und damit die ebene Insel bis nach Alberoni und sogar – die Fähre macht es möglich – nach Pellestrina zu durchstreifen.

Coda di rospo alla Irma

Die Giudecca ist noch eine stille Gegend in Venedig, und wer einen Giudecchino darüber belehren möchte, dass die Insel doch eigentlich zu Dorsoduro gehört, muss mit einer scharfen Antwort rechnen. Besser man schweigt und genießt – beispielsweise in der Trattoria Altanella, die seit vier Generationen von derselben Familie betrieben wird und ihren Namen einer hübschen Terrasse auf den Rio del Ponte Lungo verdankt.

* 4 Angler zu je ca. 300 g
* 200 g Kirschtomaten
* 50 g schwarze Oliven
* 1 Glas trockener Weißwein
* Olivenöl extra vergine
* Petersilie
* Salz & Pfeffer aus der Mühle
* Fischfond

Den Fisch in einer Pfanne mit dem Öl, der Petersilie, den in Hälften geschnittenen Kirschtomaten und entsteinten Oliven (idealerweise sollten sie im Rohr vorgebacken worden sein – aber es funktioniert auch mit eingelegten, die man gut abtropfen lässt) gut anbraten. Den Weißwein zugießen, köcheln lassen und den Fischfond nach und nach zugeben. Serviert wird der Fisch mit Polentascheiben oder Weißbrot.

***

Fiori d'acacia o robinia

Gebackene Blüten sind ein delikater Frühlingsgenuss. Im Veneto werden – so wie bei uns Holunderblüten – die Blüten von Robinien zum Herausbacken verwendet. Mit echten Akazien haben Robinien nur dem Namen nach zu tun: Seit dem 18. Jahrhundert ist die Bezeichnung „Falsche Akazie" für die schönen Blütendolden der Robinien üblich.

* Robinienblüten
* 150 g Mehl
* 125 ml Weißwein oder Milch
* 1–2 Eier
* 1 Prise Salz
* 70 g Zucker

Mehl, Flüssigkeit, Eier, Salz und Zucker gut mischen. Die Blüten durch schnelles Drehen am Stiel von allfälligen kleinen Insekten befreien, in den Teig tauchen und kurz abtropfen lassen. Danach werden die Blüten in Öl schwimmend goldbraun gebacken.

Metamorphosen

Zeitgenössisches

Riccardo Selvatico war ein interessanter Mann. Der gebürtige Venezianer genoss längst in ganz Italien Ansehen für seine Komödien und Gedichte, als er 1890 im Alter von 41 Jahren zum Bürgermeister Venedigs gewählt wurde. Fünf Jahre blieb der *sindaco-poeta* (Bürgermeister-Dichter) im Amt – und beförderte in dieser Zeit seine Stadt aus dem drohenden Dornröschenschlaf in eine lebendige Gegenwart. Selvatico war politisch progressiv und befand sich ein gutes Stück links von der Mitte. Das bedeutete unter anderem eine Stärkung der Wohlfahrt, Reformen im Schulsystem und eine Unterstützung der Frauen, indem man ihnen Bildung und Ausbildung statt Kinder-Küche-Kirche ermöglichte. Selvatico betrieb aber auch eine intensive Differenzierung der kommunalen Funktionen: Er begünstigte die Industrialisierung der Giudecca, Mestres und Margheras, um Venedigs Altstadt einerseits für seine Bürger halbwegs auf den Stand der Zeit zu bringen (vor allem was die Renovierung der feuchten alten Wohnungen betraf) und andererseits für den Tourismus attraktiv zu machen. Nun funktionierte Letzteres nicht auf Anhieb: Im gleichen Maß, wie sich der Lido als fashionable Destination der Schönen und Reichen etablierte, drohte Venedigs historisches Zentrum ins Vergessen zu verblassen und nur noch Ziel exzentrischer, melancholischer Künstler zu sein. Um die vorletzte Jahrhundertwende hielten es Reisende wie Gustav von Aschenbach in Thomas Manns „Tod in Venedig“: Sie kamen zwar nach Venedig, blieben hier aber nicht, sondern fuhren sofort auf den Lido. Die Altstadt war bestenfalls das Ziel eines exotisch-malerischen Ausflugs, der höchstens ein paar Stunden dauerte.

Ein Heilmittel für diesen unerfreulichen Status quo sah Selvatico in einer Veranstaltung, die groß genug war, aber auch elegant und kultiviert genug, um die richtigen Menschen nach Venedig zu locken. Er nahm sich die Weltausstellungen zum Vorbild und brachte im Stadtrat den Vorschlag ein, etwas Vergleichbares mit internationaler Kunst in Venedig zu veranstalten, und zwar am besten periodisch wiederkehrend. Mit einer Finanzierungszusage der Cassa di Risparmio und dem Hinweis auf die großen Erfolge – auch kommerzieller Natur – der internationalen Münchner Kunstausstellungen gelang es ihm im April 1893, die Ratsmitglieder von dieser Idee zu überzeugen. Schauplatz der Ausstellung sollten die öffentlichen Gärten, die Giardini pubblici, sein, die unter der Herrschaft Napoleons angelegt worden waren. Als ein „Akt fürstlicher Wohlfahrt“ waren Häuser und Kirchen der alten Parrocchia Sant'Antonio di Castello abgerissen und ein großes Erholungsgelände für die Venezianer geschaffen worden.

Am 30. April 1895, genau zwei Jahre nach dem Beschluss der Ratsmitglieder, wurde in Anwesenheit König

Umbertos I. und seiner Frau Margherita von Savoyen die erste „Esposizione Internazionale d'Arte della Città di Venezia" eröffnet. Selvatico, zu dieser Zeit bereits nicht mehr Bürgermeister, hielt die Eröffnungsrede in dem in fieberhafter Eile in den Giardini pubblici errichteten Ausstellungsgebäude und konnte sich am Ende der Show selbst gratulieren: Der Erfolg hatte die vorsichtigen Erwartungen bei weitem übertroffen. Mehr als 220.000 Besucher waren gekommen, um die mehr als fünfhundert Werke italienischer und internationaler Künstler zu sehen. Einhergegangen war dieser Erfolg mit einem Skandal: Bereits im Vorfeld hatte Papst Leo XIII. vor einem „Angriff auf die Keuschheit" durch das Bild „Il Supremo Convegno" („Die Höchste Zusammenkunft") von Giacomo Grosso gewarnt. Naturgemäß bewirkte der klerikale Warnruf das genaue Gegenteil, und anstatt die Ausstellung zu meiden, stand das Publikum Schlange, um sechs nackte junge Frauen zu sehen, die sich rund um einen männlichen Körper lasziv auf dunklen Polstern räkeln.

Zwei Jahre später, Filippo Grimani hatte Selvatico mittlerweile als Bürgermeister und damit auch als Präsident der Kunstausstellung ersetzt, regte die Auswahljury an, neben ihren eigenen Preisen auch einen Kritikerpreis auszuloben, was der Ausstellung schon früh starke Medienpräsenz einbrachte und das Metier der Kunstkritik auf neue Ebenen hievte. Zudem begann man, Werke der ausstellenden Künstler anzukaufen, darunter 1899 Gustav Klimts „Judith II", die zur Ikone und zum Logo der 1902 eröffneten Galleria d'Arte Moderna in der Ca' Pesaro am Canal Grande wurde.

Die **Biennale di Venezia**, wie sie genannt wurde, als sie sich in ihren biennalen Rhythmus einzufinden begann, ist nicht nur die älteste Biennale der Welt, sie war 35 Kultur in mancherlei Hinsicht auch Pionier auf dem Gebiet der Kunstpräsentation. Zum Beispiel darin, dass man sich bereits 1895 zu einer schlichten waagerechten anstatt der damals üblichen Petersburger Hängung entschloss. Bei der vorgezogenen Biennale 1910 widmete man Klimt und Renoir große Personalen und dem französischen Realisten Gustave Courbet eine Retrospektive. Furore machte vor allem Klimt, der seine Werke in einem schlichten weißen Raum mit gläsernem Oberlicht präsentierte. Der White Cube, von Klimt, Hoffmann, Olbrich und Moser für das Secessionsgebäude in Wien ersonnen, war nach Venedig gekommen und sollte, nach 1945 auch so genannt, zum obligatorischen räumlichen Ausstellungsprinzip des 20. Jahrhunderts werden.

Nach und nach entstanden die Nationalpavillons in den Giardini pubblici. Die ersten waren 1907 die Belgier mit einem Bau von Léon Sneyens, es folgten Ungarn (das de facto noch gar kein Nationalstaat, sondern Teil der Habsburgermonarchie war) und Deutschland, Großbritannien, Frankreich und die Niederlande. Der Pavillon der Letztgenannten wurde 1953 abgerissen und durch einen neuen von Gerrit Thomas Rietveld ersetzt. 1934 entstand der österreichische Pavillon nach einem Entwurf von Josef Hoffmann, 1956 errichtete Alvar Aalto ein temporär geplantes Holzgebäude, das noch heute als finnischer Pavillon fungiert.

1931 wurde die Biennale, bislang unter der Schirmherrschaft der Stadt Venedig, unter die Kontrolle der faschistischen Zentralverwaltung Italiens gestellt. Neuer Präsident wurde Giuseppe Volpi di Misurata, umtriebiger Unternehmer und Politiker mit einem Naheverhältnis zu Mussolini, auf dessen Initiative auch die Gründung des Industriehafens Porto Marghera zurückging. Volpi besaß damals seit einigen Jahren das große Hotel Excelsior auf dem Lido, das unter geringer Auslastung litt. Um dem Abhilfe zu schaffen, erweiterte Volpi die Biennale um die Filmfestspiele, die er in seinem Hotel ausrichtete. Die erste „Esposizione internazionale d'Arte Cinematografica" wurde 1932 präsentiert, 1935 wurde sie zu jenem jährlich stattfindenden Promi-Spektakel, das sie heute noch ist.

1975 schließlich machte man sich daran, zweijährlich alternierend zur Kunstbiennale eine Architekturbiennale zu installieren. Ihre erste Ausstellung fand in den **Magazzini del Sale**, den alten Salzlagern der Republik 36 Kultur Venedig, an den Zattere in Dorsoduro statt. Diese wunderbaren, weitläufigen Räume – als Ort vielfältiger Kunstpräsentation außerhalb wie innerhalb der Biennale wesentlich mitinitiiert von der Künstlerin und Galeristin Živa Kraus, deren **Ikona Gallery** auf dem Campo del 37 Kultur Ghetto Nuovo einen eigenen Besuch wert ist – eröffnen den Reigen jener Biennale-Schauplätze, die man nach und nach in alten Gebäuden installiert hatte. Denn nicht jeder Staat, der Künstler und ihre Werke nach Venedig schickt, verfügt über einen eigenen Pavillon. So wurden Teile des Arsenale in Castello ebenso für die Kunst geöffnet wie die Scuola della Misericordia oder die nach Plänen Palladios errichtete Scuola dei Mercanti auf dem Campo della Madonna dell'Orto in Cannaregio, die Kirche San Stae in Santa Croce und natürlich eine ganze Reihe von Palazzi in der ganzen Stadt. Und das ist nur ein Teil möglicher Schauplätze, die alle zwei Jahre einem Netz gleich die Stadt überziehen – und darüber hinauswachsen, wie etwa die Ausstellungspavillons Kubas und Syriens auf der kleinen Insel San Servolo.

Ich gestehe: Das zunehmend eitler werdende Getriebe

der Biennale selbst, die mich, so sie denn tatsächlich eine Zustandsbestimmung zeitgenössischer Kunst ist, um eben jene fürchten lässt (nicht zuletzt der zahlreich auftretenden Vertreter der Politik wegen, die sich an der Seite von Künstlern als fortschrittlich und aufgeschlossen zu profilieren gedenken), lockt mich mäßig. Der Jahrmarkt der Eitelkeiten überlagert ein wenig die genialen Werke, die auf der Biennale durchaus zu entdecken sind. Wirklich faszinierend ist das aus seinem scharfen Kontrast komponierte Zusammenspiel aus aktueller Kunst und alten Gebäuden. Kaum irgendwo ist dieser Umstand so auffällig wie im Arsenale: in den Corderie beispielsweise, dem Arbeitsplatz der Seiler, errichtet 1303, erneuert im 16. Jahrhundert, und eine wahre Kathedrale, was ihre Maße von mehr als 6.500 Quadratmetern bei einer Höhe von fast zehn Metern betrifft, oder in den alten Werkstätten und dem Lager, Artiglierie und Isolotto, den beiden Gaggiandre genannten Schiffswerften und nicht zuletzt im üppig-bunten Giardino delle Vergini, der seit der Biennale 2009 ebenfalls für Sonderausstellungen dazugewonnen wurde. Die Aura dieser alten Bauten – die alten Backsteinmauern, die massiven Holzbalken und -säulen, die Spontanvegetation in Eingängen und Zwischenhöfen – bekommt manchmal eine so enorme Wirkungskraft, dass sie zum Protagonisten einer Ausstellung wird, anstatt als Rahmen zeitgenössischer Kunst zu fungieren. Oft und oft bedauert man dann, dass der Rest dieses grandiosen Geländes als peripherer Schauplatz der italienischen Marine dahindämmert und so ein ungeheures Potenzial verschenkt wird.

Eine Metamorphose hat auch die Dogana da Mar durchgemacht, jenes einem Schiffsbug ähnelnde Gebäude mit der von zwei Atlanten getragenen Goldkugel, auf der sich

Fortuna mit dem Wind dreht (was als Metapher für den Wankelmut des Glücks durchgehen mag), an der Spitze Dorsoduros. Hier, an der **Punta della Dogana**, wo einst 38 Kultur
Luxusgüter verzollt und zwischengelagert wurden, ist heute die Kunstsammlung von François Pinault ausgestellt. Der bretonische Self-Made-Milliardär, zu dessen Firmenimperium die Modelabels Gucci und Yves Saint Laurent ebenso gehören wie ein Fußballclub, das Auktionshaus Christie's und das Weingut Château Latour, begann 2006 mit dem spätbarocken Palazzo Grassi am Canal Grande, in dem er zuerst herausragende Exponate seiner Spitzensammlung präsentierte. Adaptiert und renoviert hat den spätbarocken Palast der japanische Architekt Tadao Andō.

Pinault war mit dessen Arbeit so zufrieden, dass er ihn auch für sein nächstes Projekt, die Punta della Dogana, engagierte. Doch deren Inbesitznahme dauerte viel länger als erwartet. Zum einen befürchtete die venezianische Denkmalbehörde, dass das Innere der Dogana zu stark verändert werden würde. Zum anderen hatte auch die Solomon R. Guggenheim Foundation, die das venezianische Guggenheim-Museum betreibt, großes Interesse an diesem Gebäude bekundet. Ein Tauziehen, nicht immer ganz fein ausgetragen, begann, bis wider Erwarten doch Pinault den Zuschlag bekam und mit der Arbeit beginnen konnte. Die Dogana ist äußerlich vielleicht etwas zu stark auf Hochglanz renoviert und ähnelt in ihrer abendlichen Beleuchtung ein bisschen zu sehr dem Produkt eines Zuckerbäckers, doch Andōs Interieur ist gut gelungen. Er beließ die alten Backsteinmauern und strukturierte räumlich, indem er blank polierte Sichtbetonwände aufstellte. Als die Punta della Dogana im Juni 2009 mit „Mapping the Studio: Artists from the François Pinault Collection" eröffnet wurde, machte der Auftrieb an internationaler Prominenz den Filmfestspielen heftig Konkurrenz. Doch mittlerweile, mit der aktuellen Ausstellung „In Praise of Doubt“ und zahlreichen Veranstaltungen, ist Pinaults Punta della Dogana schon nahezu ein integrativer Teil Venedigs geworden.

Ganz anders sah die Geschichte mit Peggy Guggenheim aus, diesem exzentrischen Wunderwesen, die als „Amerikanerin mit den Hunden“ kam und als „letzte Dogaressa“ in die Geschichte Venedigs einging. Als Peggy Guggenheim kurz nach dem Zweiten Weltkrieg in Venedig eintraf, eilte ihr der Ruf voraus, eine großzügige und aufgeschlossene Förderin junger Künstler zu sein. Sehr schnell wurde sie Stammgast im All’Angelo in der Calle Larga San Marco, dessen Besitzer, Renato Carrain, die jungen Künstler, die sich hier trafen, unterstützte, indem er sie verköstigte und dafür Bilder in Zahlung nahm (das Restaurant gibt es immer noch, doch der Besitzer und die alten Sitten sind längst Vergangenheit). Hier traf sie sich mit den venezianischen Künstlern Emilio Vedova und Giuseppe Santomaso, ließ sich Anekdoten aus Venedigs Vergangenheit erzählen und von Vedova über seine Zeit als kommunistischer Widerstandskämpfer berichten.

Peggy Guggenheim, die Venedig liebte und bleiben wollte, richtete sich fürs Erste im Palazzo Barbaro Curtis ein. Überdies ließ sie verlauten, sie suche ein Domizil in der Stadt zu kaufen, woraufhin sich jeder, den sie in Venedig bislang kennengelernt hatte, jeder Gondoliere, jeder Barmann, jeder Künstler, auf die Suche nach etwas Passendem für die *collezionista americana* machte. Gleichzeitig machte ihr Giuseppe Santomaso den Vorschlag, ihre Kunstsammlung im Rahmen der XXIV. Biennale, der ersten nach dem Krieg, zu präsentieren. Etwas skeptisch gegenüber dem Kunstverstand dieser Exzentrikerin, stellte man ihr den aufgrund des Bürgerkriegs brachliegenden griechischen Nationalpavillon zur Verfügung, verhielt sich ansonsten jedoch abwartend, denn Peggys Künstler – darunter Brâncuşi, Giacometti, Malewitsch, Calder, Pollock und Pevsner – waren den Verantwortlichen der Biennale völlig unbekannt. Doch der Erfolg war überwältigend, und man hatte den Eindruck, in ganz Venedig wurde in diesem Sommer von nichts anderem mehr gesprochen als von Kubismus, Surrealismus und den irritierenden, nichtsdestotrotz faszinierenden jungen Wilden aus Amerika.

Im selben Jahr, 1948, fand Peggy auch endlich ihren Palazzo: die nie fertiggestellte Ca' Venier dei Leoni in Dorsoduro, die über nur eine Etage verfügte, weil die Familie Venier, die auf immerhin zwei Dogen zurückblicken konnte, die Bauarbeiten aus Geldmangel hatten abbrechen müssen. „Dei Leoni" wurde er seiner achtzehn Löwenköpfe wegen genannt, die die Fassade schmücken. Peggy Guggenheim ließ den Palazzo nach ihrem Geschmack renovieren und veranstaltete im Herbst 1949 in dessen Garten ihre erste Ausstellung. Damals zog auf der zum Canal Grande hin gewandten Terrasse Marino Marinis „L'Angelo della Città" ein, jener auf einem Pferd sitzende, in einem glücklichen Augenblick euphorisch die Arme weit ausbreitende kleine Mann mit dem erigierten Penis, den man abschrauben kann (was nicht auf die Diskretion des Künstlers, sondern lediglich auf das Bronzegussverfahren zurückzuführen ist). Ab 1951 machte sie ihre Sammlung wenigstens in den Sommermonaten öffentlich zugänglich. Ansonsten residierte die „letzte Dogaressa" umgeben von ihren geliebten Kunstwerken in ihrem Palazzo, empfing Freunde und beherbergte diese manchmal auch (darunter beispielsweise Truman Capote, mit dem sie am liebsten in

Harry's Bar speiste). Erst in den 1960er-Jahren, als Pop Art en vogue und der Kunstmarkt mit seinen immer höheren Preisen degoutant wurden, hörte sie zu sammeln auf.

Langsam begann Peggy Guggenheim darüber nachzudenken, was nach ihrem Tod aus ihrer Sammlung werden würde. Als sie 1969 eine Ausstellung im New Yorker Solomon R. Guggenheim Museum besuchte – Solomon war Peggys Onkel –, begann man sie dort heftig zu umwerben, selbstverständlich in der Hoffnung, sie würde ihre wertvolle Kollektion der Stiftung ihres Onkels hinterlassen. Natürlich bemühten sich auch andere Museumsdirektoren um die Gunst der alten Dame, die es dem Vernehmen nach sehr genoss, nochmals im Mittelpunkt des Geschehens zu stehen. Schließlich entschloss sie sich, sowohl die Sammlung als auch den Palazzo der Solomon R. Guggenheim Stiftung zu hinterlassen, allerdings mit der Auflage, die Sammlung in Venedig zusammenzuhalten und aus dem Palazzo ein Museum zu machen.

Peggy Guggenheim brach sich im Dezember 1979 einen Hüftknochen, als sie unachtsam aus ihrer Gondel sprang. Nach der Operation im Krankenhaus von Padua erlitt sie einen Herzanfall, fiel ins Koma und starb, 81 Jahre alt, am 23. Dezember 1979. Ihre Asche wurde neben ihrem byzantinischen Steinthron und neben den Gräbern ihrer unzähligen Hunde im Garten ihres Palazzos beigesetzt. Im Jahr darauf wurde Venedigs berühmtestes Museum moderner Kunst, die **Peggy Guggenheim Collection**, er- 39 Kultur
öffnet.

Dem nicht ganz von der Hand zu weisenden Eindruck, fast nur Neo-Venezianer würden sich heute mit großer Geste um zeitgenössische Kunst kümmern, lässt sich immerhin mit der **Fondazione Bevilacqua La Masa** ent- 40 Kultur
gegentreten. Die Stiftung besteht de facto seit 1898, als

Felicita Bevilacqua ihren Familiensitz, die Ca' Pesaro, der Stadt überließ, auf dass diese ihn für die Präsentation moderner Kunst und Kultur nütze. Mit der Einrichtung der Galleria d'Arte Moderna, von der vorhin bereits kurz die Rede war, entsprach man dem Wunsch der Stifterin. Mittlerweile haben sich die Aktivitäten der Stiftung intensiviert, indem nicht allein die Ca' Pesaro bespielt wird. Es gibt die Galleria di Piazza San Marco unter den Arkaden der Procuratie Nuove, wo auf zwei Etagen zeitgenössische Kunst präsentiert wird. Im Palazzo Carminati in Santa Croce wurden im letzten Stockwerk sieben Ateliers für junge Künstler sowie Gästezimmer für das Artists-in-Residence-Programm eingerichtet, und auch auf der Giudecca, im alten Kloster Santi Cosma e Damiano, gibt es Ateliers.

So viel Umtriebigkeit gibt dem renommierten venezianischen Bühnenbildner Ezio Toffolutti recht, der nicht müde wird, temperamentvoll gegen das larmoyante Bedauern des drohenden Verkommens Venedigs zum leblosen Freiluftmuseum anzureden. Auch wenn sein spannendes Kunstprojekt, das Cinema Toffolutti auf der Giudecca, mangels ausreichender Unterstützung nicht so recht in die öffentliche Wahrnehmung rücken will.

Riso venere con crema di patate e cozze

Venusreis oder Venerereis stammt ursprünglich aus China und wird erst seit Ende der 1990er-Jahre in der Po-Ebene angebaut. Der ebenholzfarbige, seidig glänzende Reis hat einen leicht nussigen Geschmack und duftet während der Zubereitung schwach nach frisch gebackenem Brot. Das folgende Rezept stammt aus dem Ristorante Agli Alboretti auf dem Rio Terà Antonio Foscarini in Dorsoduro – vom Guggenheim Museum nur durch eine, von der Dogana durch drei Brücken getrennt.

* 250 g Venusreis
* 5 EL gewürfeltes Gemüse (z. B. Sellerie, Zwiebeln und Karotten)
* 1 kg Miesmuscheln
* 400 g Kartoffeln
* 1 Schalotte
* 125 ml Weißwein
* Olivenöl extra vergine
* Salz
* Knoblauch
* Brunnenkresse

***

Den Reis in Salzwasser kochen und danach in einer Pfanne mit einem Schuss Olivenöl, dem Weißwein und dem Gemüse sautieren. Die Muscheln gut waschen und mit zwei, drei fein gehackten Knoblauchzehen und ein paar EL Olivenöl in Wasser so lange kochen, bis die Schalen aufspringen (alle anderen, natürlich, wegwerfen). Die Muscheln aus den Schalen nehmen und wieder in den Sud legen.
Die Kartoffeln schälen und in kleine Würfel schneiden. Die Schalotte in Olivenöl bräunen, Kartoffeln dazugeben, mit Gemüsefond bedecken und kochen, bis sie weich sind. Danach mit Salz und Pfeffer abschmecken und mit dem Pürierstab oder Mixer alles mischen. Die Hälfte der Muscheln mit dem Venusreis und der Brunnenkresse vorsichtig mischen und auf einem Teller anrichten. Die Kartoffelcreme dazugeben und mit den restlichen Muscheln garnieren. Zum Schluss ein wenig Muschelsud darübergießen.

Begegnungen 2

Von Bootsbauern, Gondolieri und Studenten

Eine Stadt auf dem Wasser zu bauen, gehört vielleichtzu den außergewöhnlichsten Leistungen der Menschheit. Als Venedigs Geschichte irgendwann in der Spätantike begann, gab es keinen Siedlungskern, um den sich die Stadt entwickelte, sondern bloß eine Ansammlung vieler unterschiedlich großer Inseln in einer sumpfigen Lagune. Für die hier lebenden Menschen aber war das genug halbwegs festes Land, um einfache Holzbehausungen zu errichten. Steinerne Bauten waren undenkbar, dazu war der Boden größtenteils zu morastig. In diesem lebensfeindlichen Umfeld richteten sich die Menschen so gut wie möglich ein, lebten vom Fisch- und vom Salzhandel – den einzigen Gütern, die im Überfluss vorhanden waren. Dämme oder Brücken gab es keine zwischen den Inseln, wollte man zueinander gelangen, war das nur mit Booten möglich. Der Grund für die Besiedelung der Lagune gibt Historikern nach wie vor kontroversiellen Diskussionsstoff. Die plausibelste Lesart lautet, dass die Menschen vom Festland vor den heranstürmenden Langobarden auf die Inseln flohen.

Als sich die Hoffnung der Lagunenbewohner, jemals aufs Festland zurückkehren zu können, als unrealistisch herausstellte, gaben sie langsam ihre unwirtlichen Übergangslösungen (wenn auch für mehrere Generationen angelegt) auf und lernten, in diesem amphibischen Umfeld mit Stein zu bauen – wofür weiterhin Holz, gleichermaßen elastisch wie dauerhaft, der wichtigste Werkstoff blieb. Millionen von Eichen-, Lärchen- und Erlenstämmen wurden aus den Wäldern Dalmatiens, Istriens und des Friaul nach Venedig gebracht (weshalb deren Karstlandschaften Teil der venezianischen Baugeschichte sind) und mit einer speziellen Technik zur Basis für dieses, wie Norbert Huse schrieb, „Langzeitlabor in Sachen Leichtbau". Man rammte die Stämme tief in den Lehmboden unter den Schlammablagerungen, legte den *zattaron*, eine Art Ponton, darüber und errichtete darauf die Grundmauern für das über dem Wasserspiegel sichtbare Gebäude, bei dessen Fassaden man auf größtmögliche Offenheit achtete. Das geschah jedoch kaum aus ästhetischen Gründen oder um weitere Zugänge planen zu können, sondern um das Gewicht so gering wie möglich zu halten. So entstand diese schwebende Leichtigkeit des venezianischen Stadtbilds, weil jede Form der Schwere, jede hypertrophe Monumentalität aus physikalischen Gründen von vornherein ausgeschlossen war. Auch wenn sich in Venedig fast jeder Anblick, jeder Ausschnitt, jede Perspektive zu einer nahezu perfekten Bildkomposition fügt: Es ist keine Stadt monströser Baudenkmäler, sondern eine in der ein menschliches Maß dominiert.

Als sich der *corpo* Venedigs auf seinen rund 120 Inseln entwickelte, verwandelten sich die Wasser der trennenden

Lagune zu verbindenden Kanälen. Sie wurden zu den Adern der Stadt, durch die ihr Leben fließt, die ihre Logistik – so aufwendig, kompliziert und anstrengend sie ist – ganz unzeitgemäß langsam macht. Egal, ob Müllabfuhr oder Lieferanten, ob Umzugstransport oder Feuerwehr: Alles fuhr und fährt übers Wasser, benützt die Kanäle als Wegenetz, ob die nun breit sind wie der Canale della Giudecca und der Canal Grande oder eng und unübersichtlich wie die unzähligen *rio* genannten Wasseradern in den sechs Stadtteilen Venedigs.

Die venezianischen Kanäle sind insgesamt rund 37 Kilometer lang, und nicht alle entsprechen den Wasserläufen, die die Lagune vorgibt. Manche wurden auch eigens angelegt. Kein Kanal gleicht dem anderen. Manche sind dunkel, eng und gewunden, andere hell und regelmäßig. Manche sind lang, manche erstrecken sich gerade einmal über fünfzig Meter. Wo zwei oder mehrere aufeinandertreffen, entstehen weite Bassins, die ihrem Umfeld wieder ein völlig anderes Gepräge geben. Die Variationen scheinen unendlich vielfältig, jede für sich ist faszinierender als die andere.

Diese Kanäle, konstituierendes Element Venedigs, zu pflegen, ist nicht nur heute eine Aufgabe, der man sich mit Sorgfalt widmet. Das fragile Gleichgewicht zwischen Wasser und Land, zwischen den Kanälen und den Inseln, ist nur lebensfähig, wenn die Kanäle intakt sind und ihr Fluss nicht behindert wird. Hätte man die Kanäle versanden lassen und sich nicht schon früh darum gekümmert, das Entsorgen von Abfall und Unrat in die Kanäle unter Strafe zu stellen, hätten die Gezeiten des Meeres keine Chance mehr gehabt, ihrer Aufgabe nachzukommen: die Kanäle sauber zu halten. Es verwundert also nicht weiter, wenn man als Devise des Magistrato sulle Acque der Serenissima

Ponte dei Sospiri

Repubblica liest, dass jeder, der diesen Lebensadern Übles tut, „als Feind des Vaterlandes“ betrachtet werden sollte. Dass diese Stadt gegen jede Vernunft auf dem Wasser gebaut wurde, das zugleich auch als ihre *muri salati*, ihr Schutzwall aus salzigem Meerwasser, diente, betrachtete man als göttliche Fügung.

Vor allem zur Zeit des jungen Königreichs Italien, kurz nach dem Ende der Habsburgerherrschaft in Norditalien, startete man auch in Venedig den Versuch, die Stadt auf die Höhe der Zeit zu bringen. In einem Bericht des Präfekten wurden 1867 breitere Straßen gefordert, damit „im Blick auf die hygienischen Belange der Einwohner der Mangel an Durchlüftung behoben und außerdem besser für die Bedürfnisse des Handels gesorgt werden kann“. Man begann, sich der Kanäle zu entledigen. Sie waren ein Ärgernis geworden, das behinderte, das vor allem verlangsamte, wo alles nach Geschwindigkeit strebte. Die *rii terà*, die „Erdflüsse“, entstanden – feste, gepflasterte Wege, wo einst Kanäle flossen. Insgesamt verschwanden zwischen Ende des 18. Jahrhunderts und 1966 fünfzig Kanäle aus dem Stadtbild, das sind dreizehn Prozent der Wasserwege. Zum Glück endete dieses auch das labile Gleichgewicht der Lagune beeinträchtigende Tun beizeiten, und Venedig blieb die Stadt im Wasser.

Eine solche Stadt, in der es nicht nur viel Wasser gibt, sondern in der man sich auch selbstverständlich auf dem Wasser bewegt, die Wasserwege zum lebendigen Alltag Handwerk 41 gehören, hat sich **Mathias Lühmann** immer gewünscht. Der Hamburger Bootsbauer kam vor etwas mehr als einem Jahrzehnt nach Venedig, um hier einen Crashkurs in Gondelbau zu machen. Doch die Faszination der Stadt und ihre Möglichkeiten für einen Bootsbauer waren überzeugender als alle Pläne: Im Dezember 2002 reiste Mathias neuerlich nach Venedig – und ließ das Datum seiner Rückkehr offen, weil er die ambitionierte Idee hatte, eine Gondel als Meisterstück zu bauen. Wie anspruchsvoll diese Idee war, stellte sich erst im Laufe der Arbeit heraus.

Jede einzelne Gondel ist ein komplexes Kunstwerk, komponiert aus neun verschiedenen Hölzern, darunter Eiche für die robusten Außenwände und weiches Kirschholz für die Dekorarbeiten. Zweihundertachtzig Bestandteile müssen zusammengesetzt werden, bis das asymmetrische Wunderwerk samt *fórcola* (die Ruderdolle) aus Nussbaumholz und *ferro* (das Bugeisen, das angeblich den Verlauf des Canal Grande, die Dogenkappe und die *sestieri* Venedigs symbolisiert) fertig ist. Mit der um einige Zentimeter längeren und etwas höheren linken Seite kann sie auch vollbesetzt problemlos von nur einem Gondoliere, der hinten auf der *poppa* (dem Heckschnabel) steht, gesteuert werden. Sein Kraftaufwand beläuft sich dabei angeblich auf nicht viel mehr als den eines Fußgängers.

Mathias Lühmanns Gondel war im Jahr 2005 fertiggestellt, wurde der Prüfungskommission in Hamburg erfolgreich vorgeführt, kehrte dann zurück nach Venedig und wurde berühmt: Nun im Besitz eines venezianischen Gondoliere, ist sie nachgewiesen die einzige von einem Nicht-Venezianer gebaute Gondel, die auf dem Canal Grande in Betrieb ist.

Im Mittelpunkt von Mathias Lühmanns Leben in Venedig stehen nach wie vor Boote. Er arbeitet auf Certosa für „Vento di Venezia“. Dort hat er ein Team von Bootsbauern unter sich, repariert Wassertaxis und alle anderen Arten von Holzbooten, baut Ruderboote und gilt mittlerweile als Fachmann für Caorline, eine der unzähligen Bootstypen Venedigs. Jedes Jahr nimmt er an der **Vogalonga** teil, 42 Skurriles
die 1974 ins Leben gerufen wurde, um die Motorschiff-

fahrt im Bacino, auf dem Canal Grande und dem Canale di Cannaregio für ein paar Stunden lahmzulegen.

Venedig ganz altmodisch in einer Gondel über seine Wasserwege zu erkunden, ist ein sehr spezielles, sehr schönes, aber alles andere als wohlfeiles Vergnügen. Man sollte es tunlichst vermeiden, an überlaufenen Orten in eine Gondel zu steigen, viel eher eignen sich kleine, verborgene Plätze wie der Campo Santa Maria Mater Domini mit seinen frühgotischen Häusern in Santa Croce, der Campo Santa Maria Nova an der Flanke der Miracolikirche oder auch der Ponte del Ghetto Vecchio, von wo Stefano sehr entspannt seine Tour durch die Kanäle Cannaregios startet. Und unter keinen Umständen sollte man eine Gondelfahrt auf dem Canal Grande unternehmen. So wunderschön er ist, eine Gondelfahrt auf dieser stark befahrenen Wasserstraße ist überaus ungemütlich. (Um der Pracht des Canalazzo – das venezianische Kompositum aus Canal und Palazzo – seine Reverenz zu erweisen, sollte man besser früh am Morgen mit dem Vaporetto der Linie 1 oder 2 fahren oder das ab Juni 2012 eingesetzte Vaporetto dell'Arte nehmen.) Denn für die Wasserwege gilt dasselbe wie für die gepflasterten: Abseits der ausgetretenen Pfade lässt sich Venedigs Wesen mit viel tiefergehender Intensität erkunden. Um ganz sicher zu gehen, vertraut man sich
Handwerk 43 vielleicht sogar am besten dem **Bootsverein Arzanà** in Cannaregio an: Die Gondeltouren verlaufen durch schöne Viertel und führen darüber hinaus zu den letzten *squeri*, den Gondelwerften, Venedigs.

Handwerk 44 Eine dieser Gondelwerften, der **Squero di San Trovaso**, liegt still in einem Viertel, das nur ein paar Ecken (und zwei Brücken) weiter zum lebendigsten und jüngsten Venedigs wird: der luftige Campo Santa Margarita, dessen breiter Zugang vom Ponte dei Pugni und dessen unregelmäßige Form auf den Modernisierungswillen der Stadtverwaltung des vorvorigen Jahrhunderts zurückzuführen sind. Wie anders muss der Platz gewirkt haben, als ihn noch breite Wasserwege charakterisierten. Heute steht der Campo unter der Herrschaft der Studenten, und die machen oft so lautstark wie gut gelaunt darauf aufmerksam, dass Venedig auch eine Universitätsstadt ist.

Aus der 1868 gegründeten Scuola Superiore di Commercio entwickelte sich in der einstigen Handelsmetropole eine Hochschule für Wirtschaftswissenschaften, die 1935 den Status einer Universität erlangte. Benannt hat man sie nach jenem Gebäude in Dorsoduro, in der sie untergebracht wurde: der im veneto-byzantinischen Stil errichteten Ca' Foscari an der Volta des Canal Grande, einst Wohnsitz des Dogen Francesco Foscari. Der nächste Schritt folgte im Jahr 1954, als man aus bestehenden Fremdsprachenlehrgängen die erste Fakultät für Fremdsprachen und Literatur in Italien organisierte, und 1969 kamen noch die Fakultät für Geisteswissenschaften sowie jene für Chemie hinzu. Vor allem was die Fremdsprachen betrifft, bezieht man sich auf Venedigs weit zurückreichende Traditionen: die Orientalistik, die vielfältige Seminare und Vorlesungen über Kulturen und Sprachen der Länder im Nahen, Mittleren und Fernen Osten anbietet, jener Gegenden also, in denen Venedig jahrhundertelang erfolgreich Handel trieb, ist europaweit eines der begehrtesten Institute dieser speziellen Disziplin.

Rund 20.000 Studenten sind es, die die Institute der Università Ca' Foscari bevölkern. Dazu kommen die mehr als 6.000 Studenten der Universität für Architektur, Design und Regionalplanung – Università IUAV di Venezia –, die in ihrer nicht allzu langen Geschichte auf so klingende Namen wie Louis Kahn, Le Corbusier, Aldo Rossi, Frank

Lloyd Wright und natürlich Carlo Scarpa verweisen kann. Die Institute beider Universitäten sind über die ganze Stadt verstreut, haben Räumlichkeiten in alten Palazzi und Neubauten in der Altstadt, aber auch auf dem Festland in Treviso und Mestre. Die Università Ca' Foscari beispielsweise hat Räume in der Ca' Dolfin, in der direkt der Ca' Foscari benachbarten Ca' Giustinian de' Vescovi, aber auch im ehemaligen Sitz des italienischen Stromversorgers Enel (wo sich die Bibliothek, für Venedig höchst ungewöhnlich, zwei Stockwerke unter dem Erdgeschoss befindet) ums Eck und nur eine Brücke entfernt vom Campo Santa Margarita. Die Gelegenheit, sich einen alten Palazzo am Canal Grande ganz ohne Zurichtung für touristische Zwecke anzusehen, kann man an der IUAV-Fakultät für Regionalplanung wahrnehmen: Sie hat ihren Sitz in der etwas abgewohnten, aber von den Studenten mit Verve gegen den drohenden Verkauf verteidigten **Ca' Tron** in Santa Croce. Skurriles 45

Trotz eines ambitionierten Angebots für Studenten aus allen Weltgegenden kommen die meisten aus dem Umland, viele aus Venedig – und so sie es in oft sehr beengten Wohngemeinschaften irgendwie finanzieren können, leben sie auch in der Stadt. Ihre Lebendigkeit, ihren selbstverständlichen Umgang damit, in dieser einzigartigen Stadt zu studieren, erlebt man nirgendwo so sehr wie eben auf dem Campo Santa Margarita, wo sie oft ausgelassen mit Freunden und Familie ihren Studienabschluss feiern. Wenn dann eine junge Frau oder ein junger Mann mit Lorbeerkranz und seltsam verkleidet unter dem lautstarken Absingen der aus Padua stammenden, zwar klassischen, aber ziemlich derben Hymne „Dottore, dottore nel buso del culo! Vaffancul! Vaffancul!“ auf dem Campo herumtanzt, kann man sich fürs Erste beruhigt zurücklehnen: Venedig ist noch immer jung.

Carpaccio di branzino ubriaco di Prosecco

Wenn die Studenten auf dem Campo Santa Margherita ihren Studienabschluss feiern und dabei der Prosecco in Strömen fließt, ist die ausgelassene Gruppe irgendwann brillo *– beschwipst. Dem Branzino in diesem Rezept widerfährt mehr Alkohol – er ist* ubriaco, *betrunken. In Wahrheit ist er natürlich bloß mariniert, und das Rezept ist eine Spezialität des Ristorante Ai Do Farai, das ganz ohne Brücke nur ein paar Meter vom Universitäts-Hauptgebäude, der Ca' Foscari, entfernt liegt.*

* 1 kg Branzino
* Salz
* Pfeffer aus der Mühle
* 1 Zitrone
* 1 Orange
* Olivenöl extra vergine
* Prosecco

***

Den Branzino in papierdünne Filets schneiden, großzügig salzen und nach Geschmack Pfeffer aus der Mühle darüberreiben. Danach mit Zitronen- und Orangensaft und nicht zu knapp mit sehr gutem Olivenöl beträufeln. Ubriaco wird der Fisch schließlich dank eines guten Schusses Prosecco.

Übergänge zwischen Wasser und Land

Die Inseln der nördlichen Lagune

Manchmal im Winter oder im Frühling, wenn die Luft kristallen ist und der Himmel aussieht, als hätten ihn die Glasmacher von Murano geschaffen, sieht man von den Fondamente Nove aus die schneebedeckten Dolomiten. Die Berge scheinen dann so nah, als würden sie einen Schutzwall um die Lagune bilden. Das Vorhaben, ein Vaporetto zu nehmen und zu den Inseln der nördlichen Lagune zu fahren, habe ich an solch seltenen, kostbaren Tagen nicht nur einmal verschoben. Statt dem Linienboot wurde es die Terrasse einer der Bars an den Fondamente. Murano, Burano, Mazzorbo, Torcello – es gibt sie auch später noch, es gibt sie auch morgen noch.

Später oder morgen oder doch sofort: Wann immer man die Fahrt auf die Inseln antritt, empfiehlt es sich, Venedig auch hier antizyklisch zu nehmen. Alle Welt nämlich scheint sich am mittleren Vormittag an den Vaporetto-Haltestellen an den Fondamente Nove einzufinden. Anderthalb Stunden vorher ist nichts los, anderthalb Stunden später ebenfalls, und ein zum Bersten volles Boot nach Burano, eine Fahrt von gut vierzig Minuten, kann mühsam werden. Weniger problematisch ist Venedigs chronische Überfüllung mit Touristen, wenn man bloß nach Murano übersetzt: Die Fahrt ist kurz, zumal wenn man gleich an der ersten oder zweiten Haltestelle nach San Michele wieder aussteigt. Doch gleichviel, welche Haltestelle man nimmt: Ganz Murano ist Glas – dem entkommt man nirgendwo. Ausgenommen vielleicht in der **Basilica Santi Maria e Donato.** 46 Geschichte

Obwohl dieses prächtige Beispiel veneto-byzantinischer Baukunst des 12. Jahrhunderts (errichtet wurde die Kirche bereits im 7. Jahrhundert, bevor man sie mehrmals umbaute – zuletzt um 1140) wirklich in keinem Reiseführer fehlt, ist sie selten überfüllt. So kann man sich mit Muße der Betrachtung des einzigartigen Bodenmosaiks widmen, das aus derselben Ära stammt. Es ist ein kostbares, vielfarbiges Gewebe aus abstrakten Mustern und symbolträchtigen figurativen Szenen. Da gibt es Pfauen, die das Wasser der Unsterblichkeit aus einem Kelch nippen, Greife, die Wachsamkeit und den ununterbrochenen Kampf gegen Laster symbolisieren, einen Adler, der mit einem Vogel in seinen Klauen davonfliegt, und zwei Hähne, die einen kopfüber an eine Stange gebundenen Fuchs tragen. Es ist ein fantastisches Bilderbuch, das man hier aufschlägt und das sein Finale furioso in einer betenden Madonna auf einem leuchtenden Goldmosaikgrund findet. Ich mag diese Kirche sehr, die sich äußerlich gedrungen, fast ein wenig schwerfällig darstellt, um drinnen mit einer fast leichtlebigen Buntheit zu überraschen. Den Doppelnamen trägt sie übrigens aufgrund eines Dogen, der Besitzverhältnisse sehr individuell auslegte: Auf der Insel Kefalonia requirierte Domenico Michiel 1125 das Skelett des heiligen Donatus und brachte es in diese ursprünglich der heiligen Maria geweihte Kirche. Der Legende nach tötete Donatus einen Drachen, indem er ihn einfach anspuckte. Die vier Knochen, die sich hinter dem Altar befinden, sehen denn auch eher aus, als würden sie von dem unglücklichen Tier stammen.

Murano, einst eine Enklave innerhalb der Serenissima Repubblica mit eigener Verwaltung, eigener Rechtsprechung und eigenem *Libro d'Oro* der örtlichen Patrizier, war ein blühendes Gemeinwesen mit einem lebendigen Geistesleben, das sich in zahlreichen *accademie* manifestierte. Ende des 13. Jahrhunderts wurden alle Glasöfen Venedigs vom Zentrum nach Murano transferiert, und zwar weniger aufgrund der Brandgefahr, sondern vor allem aus Gründen der Geheimhaltung: Die hohe Kunst, Glas herzustellen, zu veredeln und zu dekorieren, war bereits ab dem Mittelalter so vielfältig und technisch derart ausgefeilt, dass man ihr Geheimnis unter allen Umständen zu wahren trachtete. Verriet ein Glasbläser beispielsweise, mit welchem Verfahren das berühmte *cristallo* – ein reines, klares Glas ohne Verfärbung – oder das faszinierend vielfältige *reticella*, das Fadenglas, hergestellt wird, musste er mit harter Strafe, wenn nicht sogar mit dem Tod rechnen. Letztlich aber nützten alle Gesetze und alle Drohungen nichts. In ganz Europa, an allen Höfen der Fürsten und Monarchen begehrte man das legendäre venezianische Glas, das als enorm teurer Luxusartikel in der gesamten damals bekannten Welt gehandelt wurde. Und wer selbst ein Stück von diesem Kuchen wollte, lockte die Glasbläser von Murano mit großzügigen Angeboten. So entstanden Produktionsstätten in Flandern und Holland, in Deutschland und Frankreich, wo man Glas à la façon de Venise herstellte, das von venezianischen Originalen oft nicht zu unterscheiden ist.

Das Blühen Muranos endete mit dem Untergang der Republik 1797. Es war der aus Vicenza stammende Antonio Salviati, der mehr als ein halbes Jahrhundert später eine Renaissance der Glasherstellung auf Murano einläutete, als er eine Glasfabrik und eine Glasfachschule gründete. Mit den Formensprachen des Historismus, des Jugendstils (jene Ära, aus der das Millefiori-Dekor stammt) und des Expressionismus entwickelten sich auch Design und Farben von Muranoglas weiter. Das 20. Jahrhundert schließlich gehörte den großen Namen von Murano: Paolo Venini, der Mailänder, der mit dem Venezianer Giacomo Cappellin 1921 die bis heute vielleicht berühmteste Glasfabrik Muranos gründete, deren Objekte mittlerweile teure Sammlerstücke sind; Lorenzo und Nicolo Toso, die mit ihren zierlichen Vasen, Schalen und Krügen bezauberten; vor allem aber Ercole Barovier, Fulvio Bianconi und Archimede Seguso, die Muranos Glasmacherkunst auf ihre je eigene Weise prägten. Die Preise für ein Stück unverfälschtes Muranoglas sind hoch, doch auch nur eine kleine Schale aus *vetro verde serenella*, ein smaragdgrünes Glas mit zart irisierendem Effekt (eine Spezialität Segusos, die man da und dort noch finden kann), zu Hause zu haben, ist, als hätte man sich die Farben Venedigs geliehen.

Die alten Meister leben nicht mehr, und auch wenn chinesisches Pressglas den Markt überschwemmt und die Auslagen Muranos füllt: Es gibt ein Leben jenseits des Kitsches. Das zeigt sich nicht zuletzt an Quereinsteigern wie der *contessa vetraia*, der Glasgräfin,

Marie Brandolini, die vier Jahre lang die Glasmacher-
Handwerk 47 kunst lernte, bevor sie unter dem Namen **Laguna B** begann, ihre Reinterpretationen von Muranoglas zu verkaufen.

Die Kunst, Glas zu machen, ist heute nicht mehr ganz so geheim wie zu den Zeiten der Serenissima. Es gibt
Handwerk 48 über das **Consorzio Promovetro Murano** sogar die Möglichkeit, Glasbläsern bei ihrer Arbeit zuzusehen. Allerdings ist das nur mit Anmeldung möglich und auch nur in Gruppen. Ganz unkompliziert und spontan könnte man aber auch auf dem Weg zur Vaporetto-Haltestelle Faro einen Blick in die Fornace Artigiana „Ai Dogi" werfen: Hier stellt ein junger Mann in einem ganz unprätentiösen Geschäft Gläser her. Wer ihm einmal zwanzig Minuten lang bei seinen Mühen zugesehen hat, ist bereit, nahezu jeden Preis für ein Stück echtes Glas aus Murano zu bezahlen.

Wenn das Vaporetto auf Murano zufährt, hat man die Silhouette einer Industrielandschaft aus dem 19. Jahrhundert vor sich: Backsteinmauern, Schlote, breite Rampen. Fährt man weiter hinein in die Lagune, verändert sich die Landschaft. Man sieht Sandbänke, Salzmarschen, eine verlassene kleine Insel mit einer Ruine, die aussieht, als hätte ein Riese ein Stück aus den Mauern gebissen. Und bald ist am nicht mehr allzu fernen Horizont der Campanile Buranos zu sehen, der wie ein gut gespitzter Bleistift in leichter Schräglage in den Himmel ragt. Mir gelingt es selten, nicht bereits in Mazzorbo, der letzten Haltestelle vor Burano, auszusteigen. Das hat zwei Gründe: Der eine heißt Venissa, der andere ist eine einfache Holzbrücke. Und um es vorwegzunehmen: Der eine geht ins Geld, der andere kostet gar nichts.

Nur ein Stück die Uferbefestigung links von der Vapo-

retto-Haltestelle hinunter sieht man eine schlichte Backsteinmauer und einen alten Glockenturm. Rundum herrscht – vor allem nach dem Getriebe in der Altstadt oder auf Murano – eine himmlisch verschlafene Stille. Ein paar ältere Herrschaften, die spazieren gehen, ein paar Häuser, eine Wiese, Glyzinien im Frühling, Rosen und Oleander im Sommer: Mazzorbo ist das Paradies, wenn man den Menschenmengen einmal entfliehen möchte. Hinter der Backsteinmauer wird das schlichte Refugium in eine verfeinerte Gastfreundlichkeit gegos-
Natur 49 sen: Was den Flurnamen **Scarpa-Volo** trägt und das schöne Beispiel für einen alten ummauerten Weingarten ist, gehört der Stadt Venedig. Damit diese prachtvolle Domäne nicht verkommt, schrieb man sie als Bewirtschaftungsprojekt aus. Das beste Konzept präsentierte die Familie Bisol, seit Generationen Weinbauern im Veneto, die nun hier Obst-, Gemüse- und Rebenkulturen, wie sie seit Jahrhunderten für die Lagune typisch sind, nach ökologischen Grundsätzen anbaut. Außerdem soll ein Studienzentrum eingerichtet werden, das nicht zuletzt dabei helfen soll, das überaus fragile ökologische Gleichgewicht der Lagune aufrechtzuerhalten.

Da sich ein solches Unterfangen nicht von selbst finanziert, schuf man eine Art Agriturismo. Man kann in einem der nur sechs Gästezimmer im Herrenhaus übernachten (Freunde, die mitten in Venedig wohnen, haben hierher ihre Hochzeitsreise gemacht!), man kann ausgezeichnet essen und das mit dem beruhigenden Blick auf junge Weinstöcke, einen Gemüsegarten und Lavendelbüsche. Es ist ein großes Vergnügen, sich nachmittags
Kulinarik 50 bei **Venissa** auf die Terrasse zu setzen, Wein vom Weingut Orto auf Sant'Erasmo zu trinken und sich von Paola Budel bekochen zu lassen, die durch die feinsten Küchen

der Welt tourte, bevor man sie hierher lockte. Der Genuss ist nicht gerade billig, aber man braucht nicht viel: Allein das Brot, das hier auf den Tisch kommt, macht glücklich. Und die Exklusivität wird wohltuend dadurch demokratisch konterkariert, dass sich kein Buranello und keine Buranella die Abkürzung über den weichen Wiesenpfad quer durch den Weingarten nehmen lässt. Das andere Tor in der Backsteinmauer führt nämlich geradewegs zur Holzbrücke nach Burano. Von hier aus schweift der Blick ungehindert über die ganze Lagune, an deren südwestlichem Rand Venedig einer Fata Morgana nicht unähnlich über dem Wasser zu schweben scheint.

Gleich nach der Brücke beginnt das Reich der bunten Häuser. Burano ist die Insel der Fischer und der Spitzenstickerinnen – quirlig und betriebsam tagsüber und in der warmen Jahreszeit, still, fast wie vergessen abends und im Winter. Immer stand sie im Schatten der anderen Lagunenzentren: zunächst in jenem Torcellos, noch im 11. Jahrhundert ein bedeutendes Handelszentrum, bis die Malaria-Mücke den Menschen dieser Siedlung zum Verhängnis wurde, danach in jenem Muranos, das für die Wirtschaft Venedigs so überaus bedeutend war. Unter Denkmalschutz stehen sie trotzdem, die blauen und grünen, purpur- und pinkfarbenen, roten und gelben Häuser der Insel. Es herrscht großes Rätselraten darüber, wie es dazu kam, dass man sich hier zu solch überbordender Vielfarbigkeit entschied, und die eine Erklärung, dass die Fischer ihre Häuser schon vom Meer aus erkennen können, perpetuiert sich von Reiseführer zu Reiseführer. Sie dürfte allerdings das Produkt reiner Fantasie sein. Plausibler scheint, dass Burano eine der Quarantäneinseln der Lagune war. Wenn die Cholera ausbrach, schickte man infizierte Familien von Venedig nach

Burano, um die Epidemie in den Griff zu bekommen, und markierte deren Häuser mit schmutzig-weißer Kalkfarbe. Sobald die Familien wieder gesund waren, trachteten sie verständlicherweise danach, sich dieses tristen Stigmas zu entledigen und strichen ihre Häuser stattdessen mit lebendigen Farben. Belegt dürfte auch diese These nicht sein, auch wenn sie weitaus einleuchtender scheint als jene von der Orientierungshilfe für die heimkehrenden Fischer Buranos. Denn von der Lagune aus sieht man von Burano nur den Campanile, die bunten Häuser werden erst sichtbar, wenn man schon mittendrin auf den Kanälen unterwegs ist.

Eine romantische Legende knüpft sich an die seit Jahrhunderten berühmte Spitzenstickerei Buranos. Und natürlich hat auch sie mit einem Fischer zu tun, der eines schönen Tages in die Lagune fuhr, um seiner Arbeit nachzugehen. Plötzlich verfing sich in seinem Netz eine Sirene, die in ihrer Panik wild um sich schlug und dann zu singen begann. Der Fischer, ein junger Mann mit großem Herzen, befreite die Arme und ließ sie zurück ins Meer gleiten. Berührt vom Mitgefühl des Fischers stieg daraufhin die Königin der Sirenen an die Wasseroberfläche und schlug mit ihrem Fischschwanz das Salzwasser zu Schaum. Als sich daraus ein feines Stoffgespinst löste, nahm es der Fischer und brachte es seiner Verlobten, die sich daraus ihren Brautschleier nähte. Und weil alle anderen Mädchen von Burano ein ebenso feines Stück Gewebe haben wollten, begannen sie, mit immer feineren Fäden das Original der Sirenenkönigin zu imitieren. Wer einmal in das **Museo del Merletto** gegangen ist und sich dort die delikaten Arbeiten aus mehreren Jahrhunderten angesehen hat, ist geneigt, diese Geschichte einfach zu glauben. Da gibt es in den Schaukommoden

Handwerk 51

Hochzeitsschleier, Fächerbespannungen und Spitzensäume aus den vergangenen drei, vier Jahrhunderten, bei denen es schlichtweg unvorstellbar scheint, dass sie von Menschenhand geschaffen wurden. Doch gelegentlich wird man eines Besseren belehrt: Mit etwas Glück kann man im Museo del Merletto ein paar Künstlerinnen auf ihren speziell gezimmerten Stühlen mit Fußbänkchen zusehen, wie die Meisterwerke aus hauchdünnen Fäden entstehen.

Es ist leider eine Mär, die Mädchen und Frauen von Burano hätten der Insel mit ihren geschickten Fingern einen bescheidenen Wohlstand geschenkt. Tatsächlich wurden sie für enorm viel Arbeit, für ihr großes kreatives Talent weit unter dem Wert bezahlt. Für einen Hungerlohn schufen sie luftige Gewebe, die dann von Fürstinnen und Monarchinnen an den Höfen Europas getragen wurden. Auf der Via Baldassare Galuppi, benannt nach dem im Jahr 1706 auf Burano Komponisten, gibt es ein Geschäft neben dem anderen, wo man die Spitzen Buranos kaufen kann. Ein kleiner Tipp: Billige Ware ist maschinell erzeugt, echte Handarbeit ist teurer, und je dünner der Faden, desto kostspieliger das Endprodukt. Die schönsten und höchst verführerischen Spitzen lassen sich selbstverständlich auch hier antizyklisch finden: Im Winter, wenn der Nebel die grellen Farben der Häuser in Pastellnuancen verwandelt und kaum ein Mensch sich hierher verirrt, haben die Frauen in den Spitzen-Läden viel Zeit, wahre Schätze aus den Tiefen ihrer Lager hervorzuzaubern und jedes Muster und jede Variante ausführlich zu erläutern.

San Pietro e scampi alla Carlina

Ein Ausflug in die nördliche Lagune ist unvollständig, wenn nicht zumindest ein Abstecher nach Torcello dabei ist. Es ist eine stille Insel mit zwei Kirchen und ein, zwei Restaurants – eines davon allerdings ist weltberühmt: die Locanda Cipriani, in der sich nicht nur Ernest Hemingway, sondern auch Paul Newman, Charlie Chaplin oder die britische Königsfamilie glücklich durch die Karte gegessen haben. Dieses Rezept ist eine der Spezialitäten des Cipriani.

* 4 Filets vom St. Petersfisch
* 12 Scampi
* Mehl
* Olivenöl extra vergine
* 80 ml Tomatensauce
* Saft einer Zitrone
* Petersilie, fein gehackt
* 2 EL Worcestershire Sauce
* 50 g Butter
* 2 EL Kapernbeeren
* Salz
* Pfeffer aus der Mühle

***

Fisch und Scampi mit Mehl bestäuben, unter schwacher Hitze 4–5 Minuten in Olivenöl von beiden Seiten garen, danach auf einer Platte anrichten und warm stellen. Das Öl aus der Pfanne schütten, die Butter schmelzen lassen, die Petersilie dazufügen und ganz kurz aufkochen lassen. Kapernbeeren, ein paar Tropfen Zitronensaft, Worcestershire Sauce und etwas Tomatensauce über den Fisch geben und zum Schluss die geschmolzene Butter mit der Petersilie darübergießen. Serviert wird diese federleichte Köstlichkeit mit Reis und einem trockenen Weißwein.

Spaghetti veneziani con sarde

Der große Glaskünstler Archimede Seguso, der mago del fuoco *– Magier des Feuers – und seine Frau waren großzügige Gastgeber, Signora Seguso eine begnadete Köchin. Es heißt, dieses Rezept stamme aus ihrer Küche.*

* 2 EL Butter
* 2 EL Olivenöl extra vergine
* 2 mittelgroße Zwiebeln, fein geschnitten
* 120 g Sardinen aus der Dose – trockengetupft, entgrätet und fein geschnitten
* 2 EL Wasser
* 1 Tasse Milch
* Salz
* Pfeffer aus der Mühle
* Spaghetti

Butter in Olivenöl in einer Kasserolle schmelzen. Die Zwiebeln dazugeben und langsam goldgelb werden lassen. Sardinen und Wasser dazugeben und unter Rühren heiß werden lassen. Zum Schluss Milch zugeben und zart köcheln, bis sich alles in eine cremige Sauce verwandelt hat, die erst jetzt mit Salz und Pfeffer gewürzt wird. Spaghetti al dente kochen, abseihen und in die Sardinensauce geben. Alles gut durchmischen und nochmals etwas Pfeffer darübermahlen.

***

Risotto di gò (ghiozzo di laguna)

Dass die venezianische Küche so sehr von Fisch und Meerestieren dominiert wird, liegt daran, dass die Lagune ein überaus fischreiches Gewässer ist – ihr ökologisches Gleichgewicht vorausgesetzt. Eine von rund dreißig hier lebenden Fischarten ist die Venezianische Meergrundel. In der Trattoria Da Romano auf Burano wird sie als Risotto zubereitet.

* 300 g Vialone (Risottoreis)
* 500 g Meergrundel
* 1 Zwiebel
* 2 Stangensellerie
* Olivenöl extra vergine
* 100 g Butter
* 100 g Parmesan
* Petersilie, fein gehackt

Den Fisch in einen Kochtopf mit kaltem Wasser, der Zwiebel und dem Stangensellerie legen, aufkochen und köcheln, bis ein gelblicher Sud entstanden ist (der Fisch hat sich mehr oder weniger aufgelöst). Olivenöl erhitzen, den Reis anrösten und den abgeseihten Fischsud langsam einrühren. Wenn der Reis bissfest gegart ist, mit Butter und geriebenem Parmesan verfeinern und mit Petersilie bestreut servieren.

Nachmittagsflaneure

Streifzüge durch Venedigs bàcari

In einer Stadt wie Venedig, deren Verführungen und Verlockungen ungezählt sind, in der man keinen berühmten und keinen weniger bekannten Ort übersehen und kein Fest versäumen möchte, in der man also, ehe man sichs versieht, gehörig in Stress geraten kann, muss man von Zeit zu Zeit das Tempo reduzieren. Geschwindigkeit hat hier menschliche Dimensionen – welch Luxus inmitten einer beschleunigten Gegenwart! Die beste Tageszeit, Bilder und Kirchen sein zu lassen und sich wieder ein Stück weit dem Wesen und den Eigenheiten der Venezianer zu widmen, ist der Nachmittag. Es die Zeit der *aperitivi* und der *cicchetti*, die Zeit, Kunstverstand und Geschichtsbewusstsein durch Heiterkeit und Genuss zu ersetzen, die Zeit der *bàcari*, der kleinen Bars, die ihren Namen ihrem Schutzpatron verdanken: Bacchus, Gott des Weines.

Im Grunde ist es vollkommen gleichgültig, in welchem Stadtteil man sich gerade befindet: Man wird überall, selbst in den verborgensten Ecken Venedigs, behagliche Bars finden, in denen man der gelebten Demokratie der Venezianer begegnet. Nicht selten stehen da an einer Bar nebeneinander und oft in temperamentvoll geführte Gespräche vertieft Müllmänner, Studenten, Damen und Herren in feiner Kleidung, Gondolieri, Verkäuferinnen aus dem Geschäft nebenan, ein paar Reisende, Künstler, Universitätsprofessoren und noch mehr. Es gibt keine Schranken, keine sozialen Unterschiede, es gibt nur die Bar, ein Glas Wein und ein paar Kleinigkeiten zu essen.

Demokratie ist auch die Prämisse beim *aperitivo*: Männer bestellen *uno Sprizz al Aperol*, Frauen eine *ombra bianca*, alte Männer mit zerfurchten Gesichtern und großen Händen, denen man eher eine Grappa zutrauen würde, ordern dagegen einen *prosecchino*. Ganz egal: Erlaubt ist, was schmeckt, und Hauptsache ist, es schmeckt und man fühlt sich wohl. Um an diesen venezianischen Bars Vergnügen zu haben, bedarf es keiner Erklärungen und keiner Kulturgeschichte, es reicht, ein paar Begriffe zu kennen und fähig zu sein, zu genießen. Eine *ombra* ist ein Glas Wein – ein einfacher Wein, keine Lagen, keine Jahrgänge –, und zwar exakt hundert Milliliter. *Ombra* heißt wörtlich übersetzt „Schatten". Angeblich rührt dieser Begriff daher, dass apulische Weinhändler mit ihren Fässern nach Venedig kamen, um ihre vergleichsweise billigen Weine glasweise ans Volk zu verkaufen. Sie taten das vorerst nur auf der Piazza und folgten hier, um den Wein kühl zu halten, dem Schatten des Campanile. Mit der Zeit ließen sich die fliegenden Händler in der Stadt nieder, eröffneten Weinschenken und nahmen den Begriff *ombra* dorthin mit. So die meistkolportierte Lesart. Andererseits: Weinschenken haben eine lange Tradition in Venedig. Selbst die Tatsache, dass es sich dabei sehr oft um ganz kleine Räume handelt,

Canal Grande

stammt aus der Ära der Serenissima Repubblica, als man bei jeder Menschenansammlung Rebellion und Umsturzgedanken argwöhnte, weshalb der Senat ein Gesetz verabschiedete, das die Größe der Tavernen exakt begrenzte.

Ungeklärt dagegen ist die Etymologie des Wortes *cicchetto* (in Venedig oft mit nur einem c geschrieben). Wörtlich nämlich bezeichnet es ein kleines Glas (die andere Erscheinungsform lautet Rüge, Anpfiff – was in unserem Zusammenhang unerheblich sein dürfte), und *farsi un cicchetto* heißt „sich einen genehmigen". Da auch das nicht weiterhilft, reicht es, die physische Bedeutung der *cicchetti* zu kennen: kleine appetitanregende (und in ausreichenden Mengen genossen auch großen Hunger stillende) Speisen aus allem, was das Meer, das Land, der Wald an Essbarem schenken. Da werden Fische ebenso kunstvoll verarbeitet wie Krustentiere, Reis, Kartoffeln, Oliven, Fleisch, Pilze, Würste, Gemüse. Viele *bàcari* haben ihre eigenen Rezepte für Klassiker wie Sarde in Saòr, diese Köstlichkeit aus Sardinen, Zwiebeln, Rosinen und Pinienkernen. Um diese kleinen Speisen, den spanischen Tapas nicht unähnlich, zu genießen, muss man nicht Italienisch sprechen. In den meisten Bars nämlich sind sie verlockend in gläsernen Vitrinen ausgestellt. Andere Bars wiederum kochen nicht lange, sie beschränken sich auf Tramezzini – köstliche Füllungen aus Thunfisch, Schinken oder Käse mit gegrilltem oder mariniertem Gemüse zwischen hauchdünnen Weißbrotscheiben, die zwischen Gaumen und Zunge schmelzen, um das Aroma der Fülle freizugeben. Und wieder andere belegen kleine Weckerl – Brötchen – mit Prosciutto crudo oder cotto, mit Sopressa, einer köstlichen Wurstsorte, mit Trüffelcreme und mit *baccalà mantecato*, dem ziemlich reichhaltigen Stockfischpüree, nach dem man unbedingt mindestens eine zweite *ombra* braucht.

Man kann es nun natürlich ganz nobel angehen, den Hunger für das Abendessen sparen und statt langsam in den *bàcari* der Stadt zu versickern einen Abstecher in die Calle Vallaresso und damit in Harry's Bar machen. Hier muss man auch nicht, so man kein Freund süßlich-fruchtiger Aperitifs ist, Bellini, Rossini oder Tiziano trinken, sondern kann es dem legendärsten aller Gäste, Ernest Hemingway, gleichtun und sich einen herben Montgomery, einen Cocktail aus Gin und Wermut, bestellen. Nicht schlecht, aber nur gut für eine Abwechslung. Ich ziehe die Kulinarik 52 *bàcari* vor. Zum Beispiel die **Cantinone già Schiavi** in Dorsoduro – kein Geheimtipp, sondern eine Institution und nur ein paar Minuten (und keine Brücke) von den Gallerie dell'Accademia entfernt. Die Bar, die auch eine Weinhandlung ist, weshalb die Wände vom Boden bis zur Decke mit Flaschen bedeckt sind, ist ein unbestrittener Liebling der Venezianer ebenso wie der Reisenden. Man sucht sich seine *crostini* – Weißbrotscheiben mit allen möglichen Köstlichkeiten drauf – aus, kann unter mehreren Weinen wählen, bekommt aber auch einen Sprizz und ausgezeichneten Prosecco. Und auch wenn es bei solchen Delikatessen ein Sakrileg ist: Wenn die Sonne scheint, dann genießen viele *fuori* – draußen: die *cicchetti* kommen auf einen Plastikteller, der Aperitif in einen Plastikbecher, und damit lehnt man sich vor der Tür an die taillenhohe Mauer am Rio San Trovaso. Links glitzert das Wasser des Canale della Giudecca und schräg gegenüber wird am Squero San Trovaso an Gondeln gehämmert und geschliffen. Das Plastik ist das Einzige, das irgendwie stört, aber man versteht es natürlich: Zu viele Gäste, die zu viele Gläser draußen zurückließen, was irgendwann einfach zu viele Scherben verursachte.

Ein anderer Lieblingsort der vielfältigen Genüsse be-

findet sich in Castello, und zwar nur ein paar Minuten (und zwei Brücken) vom Rialto entfernt: Die **Osteria Al** 53 Kulinarik
Portego hat die vielleicht verführerischste Theke, weil es hier jeden Tag etwas anderes gibt und immer von allem etwas. Ein kleines Risotto mit Zucchini, Kroketten mit Fisch, Polpette, Polenta, die eine oder andere Pasta, etwas Warmes oder etwas Kaltes: Alles ist frisch, alles duftet und wenn der Appetit groß ist, kann man sich auch an einen der einfachen Holztische in dem kleinen Lokal setzen und sich durch alles probieren, was auf der schwarzen Tafel angeschrieben ist.

So kann man je nach Stimmung und Tagesverfassung an den Rand der Stadt rücken, um das Wasser ins Blickfeld zu holen. Zum Beispiel bei El Refolo auf der Via Garibaldi in Castello. Oder man begibt sich tief hinein in die engen Gassen von San Marco, um etwa im Da Fiore – gleich um die Ecke vom Campo Santo Stefano – ein Glas friulanischen Tocai zu einer kleinen Portion Oktopussalat zu trinken.

Für ein Abendessen bin ich meistens längst zu satt von all den *cicchetti*, die ich mittlerweile kosten musste. Lieber kehre ich zurück zum Rialto, um im **Do Spade** noch ein 54 Kulinarik
Glas zu trinken und zu sehen, ob ich nicht doch noch ein klitzekleines Calamari-Spießchen vertrage.

Mein Abend ist ein langer Spaziergang, und wenigstens einmal muss er immer dorthin führen, wo die Calle del Campaniel direkt am Canal Grande endet. Gegenüber in der **Ca' d'Oro** brennt noch Licht und lässt das Maß- 55 Skurriles
werk, fein wie Spitze aus Burano, einem Zaubergebilde gleich über dem Wasser schweben. Das ist der Blick, den ich gern in meine Träume mitnehme.

Baccalà mantecato

Jeder, der einmal durch Venedigs bàcari *gestreift ist und cicchetti probiert hat, kennt sie, die ziemlich reichhaltige, auf der Zunge zart schmelzende Creme, den* baccalà mantecato. *Welche Bedeutung dieses Stockfischmus in Venedig hat, zeigt sich daran, dass es die Dogale Confraternità del Baccalà Mantecato gibt, eine Vereinigung, die sich der kompromisslosen Zubereitung des – angeblichen – Originals dieser Spezialität verschrieben hat.*

* 250 g gewässerter und geputzter Stockfisch
* 1 Lorbeerblatt
* 1 Zitrone
* Olivenöl extra vergine
* Salz
* Pfeffer aus der Mühle

***

Den Fisch, das Lorbeerblatt, Knoblauchzehe, etwas Salz und die in zwei Hälften geschnittene Zitrone in einen Topf geben, mit Wasser bedecken, zum Kochen bringen und 20 Minuten garen. Den Fisch herausnehmen, nochmals von allen verbliebenen Gräten und Hautresten reinigen, das Kochwasser durch ein feines Sieb gießen. Den Fisch in Stücke schneiden und in einer Schüssel mit ein paar Löffeln Kochwasser und etwas Olivenöl mit einem Holzlöffel verrühren. Tropfenweise Olivenöl zugeben und das Ganze mit einem Mixer zu einem cremigen Püree verarbeiten. Die zugegebene Ölmenge sollte dem Fischgewicht entsprechen. Das Stockfischmus mit Salz und Pfeffer würzen und auf gerösteten Weißbrot-, gebratenen oder gegrillten Polentascheiben servieren.

Ein Versprechen

Der letzte Morgen

Der Morgen der exquisiten Vergnügen beginnt früh. Es ist sieben Uhr, höchstens halb acht, und das Ziel ist die Piazza. Um diese Zeit sind noch wenige Menschen unterwegs, die Kellner der Caffès beginnen in aller Ruhe, Stühle und Tische für später vorzubereiten. Es ist still und die Morgensonne teilt die Piazza San Marco in zwei Hälften. Die Procuratie Vecchie auf der linken Seite, wo sich das Lavena und das Quadri befinden, liegen vormittags auf der Sonnenseite, die Procuratie Nove und das Caffè Florian im Schatten.

Ganz vorne, vom Sottoportego San Geminian aus gesehen an der Stirnseite der Piazza, sehen die Türmchen und Kuppeln der Basilica San Marco aus, als hätten sie sich eben erst zusammenfügt, um sich als ein Ganzes hier niederzulassen. Dorthin führt der erste Weg, und zwar an den Seiteneingang auf der Piazzetta dei Leoncini. Es ist die Zeit der Morgenmessen. Niemand hält einen auf, man kann leise eintreten und sich in eine der Bänke setzen. Nein, die Pala d'Oro kann man jetzt nicht besichtigen, man kann auch nicht fotografieren oder herumlaufen. Man

Palazzo Ducale

kann nicht mehr tun, als sich dieser Stille anzuvertrauen. Doch wenn man nach oben blickt und zusieht, wie sich die Sonnenstrahlen langsam durch die kleinen Öffnungen der Laternen auf den Kuppeln stehlen, dann beginnt das Gold der Mosaike zu funkeln, als hätte es Leben in sich. Nie kann man diese Basilika so still und so kraftvoll erleben wie in diesen ein, zwei Stunden in der Früh.

Jetzt ist es vielleicht acht Uhr und die Piazza ist immer noch nahezu leer. Der Palazzo Ducale liegt in seinem freundlichen Rosa leicht auf den Säulen der Arkaden. Die Tetrarchen an der Ecke des Domes unter der Porta della Carta mit dem knieenden Dogen Francesco Foscari umarmen einander unverdrossen und bilden einen kräftigen Kontrast zum Grün und Weiß der Wand, an der sie lehnen. Und oben, an der Fassade des Doms, blickt die Quadriga stolz geradeaus, als würde all die Pracht dieses Platzes nur zu ihren Ehren bestehen.

Allein gehört einem die Piazza jetzt am Morgen auch nicht. Doch das macht nichts, es sind Verbündete, die wissen, wann die Schönheit Muße hat, sich zu entfalten.

Am Rand der Piazzetta dümpeln die Gondeln mit ihren tiefblauen Planen noch im Wasser des Bacino, und gegenüber liegt San Giorgio Maggiore, dessen klassische Palladio-Konturen im Morgendunst ihre Härte verlieren. Hier verweilen, solange es möglich ist, denn es gibt kein Sattsehen.

Aber ich weiß, ich muss abreisen. Allein der Gedanke daran verursacht Heimweh. Ein letzter Espresso geht sich aus, bevor ich weg muss. Und nirgendwo sonst kann es jetzt sein als an der Bar des Florian, des ältesten und des schönsten Caffès der Welt.

Realitätsprüfung?

Jederzeit:

Venedig *ist* Wirklichkeit.

Sarde in Saòr

Sarde in Saòr zählen zu Venedigs bekanntesten Gerichten. In vielen bàcari, *wo es die delikaten* cicchetti *gibt, werden auch diese speziell zubereiteten Sardinen angeboten.* Saòr *übrigens ist eine der typischen Verkürzungen des venezianischen Dialekts: das Wort steht für* sapore *– Genuss, Geschmack, Gewürz.*

* 500 g Sardinen, küchenfertig
* 500 g Zwiebeln
* 250 ml Weißweinessig
* 125 ml Weißwein
* 2–3 EL Pinienkerne
* 2–3 EL Rosinen
* 2 EL Zucker
* Olivenöl extra vergine
* Mehl
* Salz
* Pfeffer aus der Mühle

* * *

Die Sardinen in Mehl wälzen, in Olivenöl knusprig braten, aus der Pfanne heben und auf Küchenpapier legen. Die Zwiebeln in feine Ringe schneiden und in Olivenöl anschwitzen (sie sollten nicht bräunen!). Zucker dazugeben, gut umrühren, Rosinen und Pinienkerne ergänzen, mit Essig und Wein ablöschen. Das Ganze nochmals aufkochen, danach mit Salz und Pfeffer würzen. Die gebratenen Sardinen in eine flache Schüssel legen, die Marinade darübergießen und nach Möglichkeit etwa 24 Stunden ziehen lassen. Verfeinern kann man das Rezept, indem man statt Weißwein und Zucker einen guten Süßwein verwendet. Verspeist wird die Delikatesse zimmerwarm mit knusprigem Weißbrot und einem Glas trockenem Weißwein.

Sgroppino

Die Fischküche, heißt es gemeinhin, sei leicht und bekömmlich. Vielleicht wappnen sich die Venezianer gegen die Bora, den kalten Nordostwind, der einem durch und durch geht, wenn in ihren Töpfen und Pfannen dann und wann doch recht reichhaltige Köstlichkeiten entstehen. Doch gleichgültig, ob man cicchetti-Streifzüge unternommen oder ein mehrgängiges Abendessen genossen hat: Dieser Digestif räumt überaus wohltuend im Magen auf.

* 300 g Zitronensorbet oder Zitroneneis
* 1/2 Flasche eiskalter Prosecco
* 1 guter Schuss Wodka
* frische Minze

***

Das Zitroneneis (man kann es selbst zubereiten, aber auch frisch gekauftes ist in Ordnung) oder das Sorbet in ein Gefäß geben, Prosecco und Wodka hinzufügen und durchmixen. Das Ganze in eisgekühlte Gläser füllen, mit einem Minzeblatt versehen und sofort genießen. Wer den Sgroppino lieber nicht ganz so cremig, sondern eher flüssig mag, nimmt einfach etwas mehr Prosecco.

Register

Bibliografie

- Peter Ackroyd. **Venice. Pure City.** Vintage Books, London 2010.
- Louis Begley /Anka Muhlstein. **Venedig unter vier Augen.** Mareverlag, Hamburg 2003
- Hermann Hesse. **Venezianisches Notizbüchlein.** In: Mit Hermann Hesse reisen.Insel Verlag, Frankfurt/Main, 1990
- Norbert Huse. **Von der Kunst, eine Stadt im Wasser zu bauen.** C. H. Beck, München 2008
- Henry James. **Die Aspern-Schriften.** dtv, München 2005
- Henry James. **Italian Hours.** Penguin Classics, New York 1998
- Tiziano Scarpa **Venedig ist ein Fisch.** Wagenbach Verlag, Berlin 2002
- Martin Schwander **Venedig. Von Canaletto und Turner bis Monet.** Hatje Cantz Verlag, Riehen/Basel 2008
- Gerd Wolfgang Sievers. **Venedig genießen.** 200 authentische Rezepte und Lokaltipps. Christian Brandstätter Verlag, Wien 2010
- Barbara Sternthal. **Wie man Venezianer wird.** Der Traum vom Leben in der Serenissima. Styria Verlag, Wien 2010
- Barbara Sternthal. **Diebe, Dogen, Delinquenten.** Der Venedig-Führer für Juristen. Manz Verlag, Wien 2010
- Alberto Toso Fei. **I Segreti del Canal Grande. Misteri, Aneddoti, Curiosità sulla più bella Strada del Mondo.** Studio LT2, Venedig 2009
- Alvise Zorzi. **Venedig. Eine Stadt, eine Republik, ein Weltreich 697–1797.** Amber-Verlag, München 1981

Rezepte

Glossar

- **Andare per le sconte** – die venezianische Möglichkeit, den Touristenströmen in Nebengassen auszuweichen; mit ein wenig Übung und Lust an (anfänglichen) Irrgängen lernt man das auch als Gast bald.
- **Attenti alla vita!** – „Pass auf dein Leben auf!", rufen die Lastträger, um sich freie Bahn zu verschaffen.

- **Bacàro/bacàri** (sing./pl.) – die kleinen unprätentiösen Lokale in Venedig, in denen es *cicchetti* und ein paar einfache und nicht ganz so einfache Weine gibt. Der Begriff leitet sich von Bacchus, Gott des Weines, ab.
- **Baccalà mantecato** – die Spezialität, um die man nicht herumkommt: ein Mus aus Stockfisch, Gewürzen und Olivenöl. Zubereitungsarten gibt es viele, um die Wahrung des (möglichen) Originals kümmert sich die Dogale Confraternità del Baccalà Mantecato.
- **Barbacane** – an manchen Hausfassaden sichtbare Holzbalken, auf denen die Stockwerke auf dem Erdgeschoss aufliegen, denn damit die Gassen nicht gar so eng werden, wurde dieses oft

über kleinerem Grundriss gebaut als die Etagen darüber. Besonders schön ist die Sinnhaftigkeit der *barbacani* in der Calle del Paradiso (Santa Maria Formosa) und in der Calle delle Do Spade (Rialto) zu sehen.

- **Brioche** – kein Briocheteig, sondern Blätterteig: ihr nach Butter, Zucker und Vanille duftendes Frühstücksgebäck bezeichnen die Venezianer dennoch als – französisch ausgesprochen – Brioche.

- **Caffè e cornetto** – der Klassiker zum Frühstück im Stehen. Den *caffè* gilt es zu spezifizieren: *lungo* (mit Wasser verlängert), *liscio* (ein purer Espresso), *macchiato* (Espresso mit einem „Fleck" geschäumter Milch – wörtlich: fleckig) und natürlich Cappuccino, der keiner genauen Erklärung bedarf. Das *cornetto* ist das Kipferl/Hörnchen zum Kaffee, das aber eben in Venedig auch *brioche* genannt wird. PS.: Noch nie ist mir in einer venezianischen Bar (wo man frühstückt und nicht Cocktails zu sich nimmt) ein Lattemacchiato untergekommen ...
- **Calle** – Venedigs Straßen heißen *calle* (pl.: *calli*), was sich vom lateinischen Wort für Pfad (*callis*) ableitet; außerdem gibt es die *saliz(z)ada*, das vom italienischen *selciata* (gepflastert) kommt und also jene Straßen bezeichnet, die als erste gepflastert waren; *calletta* ist eine kleine Gasse; *piscina* ein zugeschütteter kleiner Teich; *merceria* (oder, Venezianisch, *marzaria*) ist ebenso wie die *ruga* (vom französischen *rue*) eine Geschäftsstraße; der *ramo* (wörtlich: Zweig) ist meist eine Sackgasse; *crosera* ist ein mehrere Straßen kreuzender Weg; *corte* und *cortile* sind ein größerer und ein kleinerer Hof. Nur die in Italien so vertraute *strada* und die *via* kommen in Venedig genau zweimal vor: Strada N(u)ova in Cannaregio und Via Garibaldi in Castello. Die befestigten Ufer an den Kanälen werden *fondamenta* (pl.: *fondamente*) genannt, wobei die Riva degli Schiavoni (die Flaniermeile von der Piazza bis zu den Giardini in Castello, die unterwegs viermal ihren Namen ändert) und die Zattere in Dorsoduro Ausnahmen bilden (*zattera* ist das Floß, weil an den heutigen Zattere einst die Holzflöße für Venedigs Bauten anlandeten).
- **Campo** (pl.: *campi*) – Es gibt in Venedig nur eine Piazza: die Piazza San Marco mit der angeschlossenen Piazzetta (zwischen Dogenpalast und Biblioteca Marciana) und der Piazzetta dei Leoncini an der Nordfassade des Markusdoms. Alle anderen Plätze heißen *campo* (wörtlich: Feld, Wiese, was auf die einstige Funktion hinweist) oder – im Diminutiv – *campiello*. Nebenbei be-

merkt: eigentlich gibt es auch nur einen Palazzo in Venedig, den Palazzo Ducale, den Dogenpalast. Alle anderen prächtigen Bauten der Patrizier wurden Casa, abgekürzt Ca', genannt. Im Laufe der Jahrhunderte hat sich dies ein wenig verwässert, so ist heute Ca' Giustinian so richtig wie Palazzo Giustinian.

- **Castraure** – junge Artischocken.
- **Chiaroscuro** – wörtlich: Helldunkel; eigentlich ein Begriff aus der Kunstgeschichte.
- **Cicchetto** (pl.: *cicchetti*) – kleine Speisen, die man in Venedigs *bacàri* zu sich nimmt und die meistens in einer gut einsehbaren Vitrine ausgestellt sind (was dem Hungrigen kompliziertes Blättern im Wörterbuch erspart).
- **Cristallo** – ein perfekt transparentes Glas, für dessen unter höchster Geheimhaltung stehende Herstellung die Glasbläser aus Murano berühmt waren.

- **Ferro** – wörtlich: Eisen, bezeichnet es in Venedig das Bugeisen der Gondeln.
- **Fondego** – die venezianische Form des italienischen *fondaco*, das sowohl Handelsplatz als auch Herberge bedeuten kann.
- **Fórcola** – heißt wörtlich Gabel und bezeichnet in diesem Fall die Rudergabel einer Gondel. Geformt wie eine wunderschöne Skulptur, erfüllt jede ihrer Ausbuchtungen, Drehklauen und Drehflächen eine bestimmte Funktion für die Bewegung einer Gondel. Jede *fórcola* wird von hochspezialisierten (und hochgeehrten) Meistern, den *remèri*, hergestellt (es gibt nur noch wenige, die dieses Handwerk beherrschen) und wie ein Maßschuh millimetergenau der Hand eines Gondoliere angepasst, der das gute Stück denn auch hütet wie seinen Augapfel. Keine *fórcola* gleicht der anderen, und dazu gibt es noch eine Vielzahl von Untertypen.
- **Fuori** – bedeutet wörtlich außen, draußen, außer Haus usw.

- **Giudicato** – ist die Vergangenheitsform von *giudicare* (urteilen, aburteilen, beurteilen), bezeichnet aber auch das Urteil oder eine rechtskräftige Entscheidung. Davon könnte sich – die Historiker sind uneinig – der Name Giudecca ableiten.
- **Goti** – aus Glasresten haben sich die Glasbläser von Murano einfache Gläser für ihre Getränke hergestellt: diese waren dick, schlicht geformt und bekamen ihren Namen von den Goten, die man in Italien gemeinhin für raue, unkultivierte Gesellen hielt. Marie Brandolini hat diese Tradition für ihre Glaskunst aufgegriffen und neu interpretiert.

- **In quanti siamo oggi?** – „Wie viele sind wir heute?" lautet die Frage auf der Leuchtanzeige in der Apotheke Morelli auf dem Campo San Bartolomeo – um sie gleich darunter mit der wochenaktuellen, ständig sinkenden Bevölkerungszahl des venezianischen Centro storico zu beantworten.

- **Moeche** – die venezianische Form von Moleche, kleine Krabben, die als – teure – Lagunenspezialität gelten.
- **Mude** – diese regelmäßig verkehrenden, von Kriegsschiffen eskortieren Schiffskonvois waren ein wesentlicher Teil von Venedigs Erfolg als Handelsstaat. Schiffsraum im Rahmen einer *mude* wurde bei den *incanti* genannten öffentlichen Versteigerungen vergeben. Und dass alles rechtens ablief, darum kümmerten sich die Officiali alla Dogana da Mar, eine der ältesten Behörden Venedigs, die bereits 1256 eingerichtet wurde.
- **Murazzi** – die aus istrischem Kalkstein und Pozzuolanerde errichteten Mauern auf dem Lido und auf Pellestrina galten vor allem dem Schutz der Lagune vor Erosion, entstanden zwischen 1744 und 1782 und ersetzten die alten hölzernen Palisaden.
- **Muri salati** – wörtlich: salzige Mauern; gemeint ist das Meer, das Venedig schützt.

- **Nebbia, nebbietta, foschia, caligo** – Nebel, kleiner Nebel, Dunst, diesig: für viele Erscheinungsformen des Nebels, dem Spiel aus Luft, Wasser und Licht, in der Lagune bedarf es auch mehrerer Begriffe.
- **Nizioletti** – die weißen, auf Hausmauern gemalten Rechtecke mit den Namen der Straßen und Plätze, die manchmal sehr verwirrend sind, weil sie nicht italienisch, sondern venezianisch beschriftet sind. Dann wird aus der Calle delle Doge die Calle de le Dose oder aus der Merceria die Marzaria. So genau nimmt man es nicht, und schließlich: *nizioletto* leitet sich ja auch vom italienischen *lenziolino* ab, was kleines Leintuch bedeutet.

- **Ombra** – ein kleines Glas Wein, nach Wahl *bianco* (weiß) oder *rosso* (rot)

- **Parrocchia** – die Pfarre, ein bestimmtes Gebiet innerhalb eines *sestiere*, das einer bestimmten Kirche zugeordnet ist. In welcher *parrocchia* (die in Venedig wahlweise auch mit einem r und/oder einem c geschrieben wird) man sich befindet, kann man vielerorts neben den Straßennahmen lesen.

- **Pasticceria** – hier gibt es Kuchen, Torten, süßes und manchmal auch salziges Gebäck in unendlicher Vielfalt zu kaufen. Morgens wird in den *pasticcerie* meist sehr guter *caffè* zubereitet, nachmittags bekommt man oft auch einen *sprizz* oder einen Prosecco.

- **Permesso** – „Ist es erlaubt?“ – eine höfliche Frage, die durchaus mit einem ungeduldigen Unterton vorgebracht werden kann, wenn Touristen wieder einmal in Viererreihen durch enge Straßen schlendern.
- **Poppa** – der Heckschnabel einer Gondel, einer der vielen Teile dieses so aufwendig zu bauenden Bootes.
- **Prosecchino** – Diminutiv von Prosecco.

- **Reticella** – Glas, in das farbige oder weiße Glasfäden eingeschmolzen werden. Wer übrigens sicher gehen will, in Venedig oder Murano keine industriell hergestellte Ware aus Fernost zu kaufen, sollte auf das Gütesiegel Vetro Artistico Murano® achten.
- **Rio Terà** – ein zugeschütteter Kanal und mithin eine weitere Variante venezianischer Straßenbezeichnungen.
- **Rio** – bei den *rii* (pl. von *rio*) ist es wie bei den *campi*: Alle Wasserwege in Venedig heißen *rio*, Fluss. Die Ausnahmen sind der Canale della Giudecca, der Canale di Cannaregio und der Welt schönster Boulevard, der Canal (ohne e am Wortende) Grande.

- **Sestiere** – wörtlich: das Sechstel, was in Venedig die sechs Stadtteile, *sestieri*, San Marco, Cannaregio, Castello, Dorsoduro, San Polo und Santa Croce bezeichnet.
- **Sottoportego** – die venezianische Form von *sottoportico*, ein überdachter Durchgang unter einem Haus. Für den „gesamtstädtischen Landverkehr“ sind sie von enormer Bedeutung, weswegen sie von den Behörden der Serenissima Repubblica von Hausbesitzern immer wieder mit Nachdruck gefordert wurden.
- **Sparselle** – dünner, grüner Spargel, meist aus Sant'Erasmo.

- **Vetro verde serenella** – ein smaragdgrünes, zart irisierendes Glas, eine Spezialität Archimede Segusos.
- **Vuoto** – leer; wer zum morgendlichen *caffè* am liebsten Gebäck ohne Marmelade, Schokolade oder Vanillecreme möchte, bestellt *un brioche vuoto*.

- **Zattaron** – eine Art Ponton aus zwei Lagen von Lärchenbohlen, mit denen die Holzpfähle – Venedigs Hausfundamente – verbunden wurden. Befestigt hat man den *zattaron* mit Backsteinen, den Grundmauern des über dem Wasser sichtbaren Gebäudes.
- **Zudegà** – das venezianische Derivat aus *giudicato*.

1 Pasticceria Italo Didovich
In die Bäckerei auf dem Campo Santa Marina in Castello kommen Venezianer aus allen Teilen der Stadt, um sich mit Kuchen und süßen sowie pikanten Bäckereien – den *pastine* – einzudecken. Mo–Sa 7–20 Uhr; Campo Santa Marina, Castello 5909, Tel. (+39) 041 5230017. (Kulinarik/Seite 15)

2 Campo Santa Maria Formosa
Dass in Venedig alle Plätze *campo* heißen (bis auf die Piazza San Marco), erinnert daran, dass sie nicht urbaner Bereich, sondern landwirtschaftlich genutzte Fläche waren. Obligatorisch gehört zu jedem Campo ein Brunnen, unter dem in einem großen Becken Regenwasser gesammelt und in einem Sandbett gefiltert wurde. Platziert auf einem Sockel, konnte auch bei Hochwasser kein Meerwasser eindringen. (Geschichte/Seite 15)

3 Palazzo Querini Stampalia
Eine sehenswerte Sammlung u. a. von Gemälden, Porzellan und Musikinstrumenten, wunderschöne Räume und eine überaus gelungene Restaurierung, bei der man sich nicht scheute, zum Alten sichtbar das Moderne zu fügen. Di–So 10–18 Uhr; Campiello Querini Stampalia, Castello 5252; fondazione@querinistampalia.org, www.querinistampalia.it. (Kultur/Seite 16)

4 Ponte del Paradiso
Die Brücken Venedigs waren jenes verbindende Element, das aus der Ansammlung vieler Siedlungen eine Stadt schuf. Mehr als 400 Brücken gibt es, und keine gleicht der anderen. (Skurriles/Seite 19)

5 Rosa Salva
Antonio Rosa gründete 1870 das erste Catering-Service Venedigs und bot seine Menüs in den Palazzi und Villen Venedigs und der Umgebung an. Nach wie vor in Familienbesitz, zählt die Firma mit sechs Standorten in Venedig zu den kulinarischen Institutionen der Stadt. Mo–Sa 7.30–20.30 Uhr; Calle Fiubera, San Marco950, Tel. (+39) 041 5210544; info@rosasalva.it, www.rosasalva.it. (Kulinarik/Seite 19)

6 Palazzo Barbaro Curtis
Die herrschende Klasse zur Zeit

der Serenissima Repubblica waren die Patrizier, die *nobili*. Ihre Häuser, prachtvoll und kostbar, nannten sie jedoch nicht *palazzo*, Palast, sondern *casa*, Haus, das als Ca' abgekürzt wird. Heute sind beide Bezeichnungen zulässig. Die Ca' Barbaro Curtis spielt eine Rolle in John Berendts vergnüglich-vorlautem Buch „The City of Falling Angels". (Geschichte/Seite 24)

7 San Francesco della Vigna

Weinstöcke waren es, die Marco Ziani, Sohn des Dogen Pietro Ziani, den Franziskanermönchen schenkte. Sie benannten ihr Kloster danach: *vigna*, Weingarten. Der Gemüsegarten ist nicht öffentlich zugänglich, doch wer klopft und freundlich fragt, erhält fast immer Einlass. Campo San Francesco della Vigna, Castello 2785. (Natur/Seite 28)

8 Scuola Grande di San Marco

Die Scuole waren nicht Schulen, sondern religiöse Laienkongregationen unterschiedlicher Zusammensetzung. Landsleute – etwa die Slowenen – fanden sich hier ebenso zusammen wie bestimmte Berufsgruppen. Es gab rund 300 Scuole Piccole und sechs Scuole Grandi. Das prachtvolle Gebäude, in dem heute das Krankenhaus eingerichtet ist, wurde von Pietro Lombardo begonnen und von Mauro Codussi vollendet. Campo SS. Giovanni e Paolo/ Fondamenta dei Mendicanti, Castello 6772. (Skurriles/Seite 28)

9 Un Mondo di Vino

Ein wunderbarer Ort, um zu genießen und sich wohlzufühlen. Die *cicchetti* sind variantenreich und erstklassig. Mo–Sa 9–22 Uhr; Salizzada San Canciano, Cannaregio 5984, Tel. (+39) 041 5211093. (Kulinarik/Seite 29)

10 Brücke ohne Wangen

Dass in Venedig keine Brücke der anderen gleicht, wurde bereits angemerkt. Diese ist ein besonders sehenswertes Beispiel. Ponte senza nome, Cannaregio 3749A. (Skurriles/Seite 29)

11 Timon

Ob man einen Platz auf der Fondamenta findet oder sich bei schlechtem Wetter drinnen niederlässt, ob *cicchetti* oder ein Teller dampfender Risotto: Der Weg hierher zahlt sich aus!

Mo–So 11–1 Uhr, Mi nm. geschlossen; Fondamenta Ormesini, Cannaregio 2754, Tel. (+39) 041 5246066. (Kulinarik/Seite 30)

12 Lauretta Vistosi

Die bunten Taschen und Etuis in allen Größen erinnern in der Farbgebung und der Geometrie ihres Dekors an Werke Mondrians. Mo–Sa 10–19 Uhr (variiert); Calle Lunga San Barnaba, Dorsoduro 2866B, Tel. (+39) 338 6014166. (Handwerk/Seite 32)

13 Die blühenden Zeiten der Serenissima Repubblica

Venedigs Geschichte ist so komplex wie die Stadt selbst, und das bloße Anführen von Jahreszahlen geht an der Sache total vorbei. Am aufschlussreichsten und spannendsten hat ein Venezianer darüber geschrieben: Alvise Zorzi. (Geschichte/Seite 35)

14 Casa delle Parole

Die Veranstaltungen der Casa delle Parole finden in der Ca' Rezzonico in Dorsoduro 3136 statt, und zwar immer am zweiten Dienstag im Monat. Nähere Informationen erhält man via E-Mail oder über die Website der Stadtmuseen. cadelleparole@yahoo.it, www.museicivicivenezianі.it oder carezzonico.visitmuve.it. (Kultur/Seite 38)

15 Farmacia Morelli alla Madonna

In der Auslage dieser Apotheke läuft während der Öffnungszeiten die Digitalanzeige über den aktuellen Bevölkerungsstand der Venezianer im Centro storico. Mo–Fr 8.30–19.30, Sa 9–12.45 Uhr; Campo San Bartolomeo, San Marco 5310. (Skurriles/Seite 41)

16 Old World Books

In Johns Phillimores Antiquariat gibt es eine überreiche Auswahl an Büchern über Venedig und Italien, die meisten in englischer oder italienischer Sprache. Wenn Sie ihn besuchen: liebe Grüße! Mo–Fr 10–13, 16–20 Uhr, So 16– 0 Uhr; Calle Ghetto Vecchio, Cannaregio 1190, Tel. (+39) 347 5129695. (Kultur/Seite 43)

17 Chiesa Santa Maria dei Miracoli

Viele von Venedigs Kirchen sind mehr als bloß einen Besuch wert. Die Miracolikirche aber ist für mich die berührendste. Erbaut wurde sie im 15. Jahrhundert von Pietro Lombardo und seinen Söhnen. Campo dei Miracoli, Cannaregio. (Kultur/Seite 45)

18 Flohmarkt
Es gibt in Venedig mehrere *mercatini*, Flohmärkte, die in bestimmten Rhythmus stattfinden. Die Daten gibt es im Internet: www.comune.venezia.it, im Suchfeld _ calendario mercatini Venezia eintippen. (Skurriles/Seite 45)

19 Rialto
Der Rialto ist tagsüber sehr überlaufen früh am Morgen von Montag bis Samstag ist er das pure Vergnügen! (Skurriles/Seite 48)

20 Al Mercà
Die *panini* gehören zu den besten der Stadt, der Prosecco ebenfalls und die Weinauswahl zeugt von önologischem Know-how. Mo–Sa 7–8.30, 10–14, 18–21 Uhr (variiert); Campo Cesare Battisti già della bella Vienna, San Polo 213. (Kulinarik/Seite 54)

21 Casa del Parmigiano
Ganz einfach: Das Käse- und Pasta-Schlaraffenland ist Wirklichkeit geworden. Mo–Mi 8–13.30, Do–Sa 8–19.30; Campo Cesare Battisti già della bella Vienna, San Polo 214, Tel. (+39) 041 5206525. (Kulinarik/Seite 54)

22 Scarpe su Misura
Gabriele Gmeiner macht Schuhe – klassisch, aus feinstem Leder und mit ihren eigenen Händen. Mo–Sa 10–13, 16–20 Uhr; Campiello del Sole, San Polo 951, Tel. (+39) 338 8962189; bottega@gabrielegmeiner.com, www.gabrielegmeiner.com. (Handwerk/Seite 59)

23 Giovanna Zanella
Ein wenig schräg, ein wenig skulptural – mit diesen Schuhen an den Füßen fällt man ganz sicher auf. Mo–Sa 9.30–13, 15–19 Uhr; Calle Carminati, 5641 Castello, Tel. (+39) 041 5235500; giovannazanella@yahoo.it, www.giovannazanella.it. (Handwerk/Seite 59)

24 Aldo Manuzio
Ausgenommen den spitzzüngigen Pietro Aretino und den stilbildenden Kardinal Pietro Bembo brachte die Renaissance in Venedig keine Literaten hervor. Stattdessen wurde es zum europäischen

Zentrum der Drucker und Verleger. (Geschichte/Seite 61)

25 Campo San Giacomo da l'Orio

Der große, unregelmäßig geformte Platz gehört zum Glück immer noch zu den wenig überlaufenen Orten in Venedig. Berichte darüber, wie schön er ist, möchte man deshalb am liebsten für sich behalten. (Skurriles/Seite 64)

26 Banco Ortaggi del Penitenziario Femminile

Immer donnerstags (9–12 Uhr) verkaufen die Frauen aus dem Gefängnis Gemüse an der Fondamenta delle Convertite auf der Giudecca. Weitere Verkaufsstellen handwerklicher Erzeugnisse (sehr schicke Taschen, Ledernotizbücher, Kosmetik), auch aus dem Männergefängnis, gibt es an mehreren Orten Venedigs. Cooperativa Sociale Venezia, Tel. (+39) 041 2960658; info@rioterave.it, www.rioteradeipensieri.org. (Skurriles/Seite 68)

27 Fortuny

Im Schauraum der 1922 eröffneten Fabrik auf der Giudecca kann man sich arm kaufen: Die Stoffe sind ein Traum! Die Fabrik bleibt neugierigen Augen verborgen, nicht aber der Garten. Mo–Sa 10–19 Uhr (variiert); Fondamenta San Biago, Giudecca 805, Tel. (+39) 041 5287697; www.fortuny.com. (Handwerk/Seite 70)

28 Tessitura Luigi Bevilacqua S.r.l.

Damast, Samt, Brokat – die Firma Luigi Bevilacqua steht seit dem frühen 18. Jahrhundert für feinste Stoffe und pflegt ein Archiv von 3.500 Originalmustern. Die Webstühle aus der Gründungszeit kann man nach Vereinbarung ansehen. Campiello della Comare, Santa Croce 1320, Tel. (+39) 041 721566; bevilacqua@luigi-bevilacqua.com, www.luigi-bevilacqua.com. (Handwerk/Seite 71)

29 Mensa interaziendale

Günstig essen zusammen mit den Giudecchini. Mo–Fr 11.45–14 Uhr; Campiello Berlomoni, Giudecca 554, Tel. (+39) 041 2411413. (Kulinarik/Seite 71)

30 Villa Hériot

In der Villa hat die Società Europea di Cultura ihren Sitz. Mo–Fr 9–17 Uhr; Calle Michelangelo,

Giudecca 54P, Tel. (+39) 041 5230210, info@societaeuropeacultura.it, www.societaeuropeacultura.it. (Natur/Seite 72)

31 Palazzo Soranzo Cappello
Der Palazzo aus dem 16. Jahrhundert ist Sitz der venezianischen Denkmalbehörde. Während der Öffnungszeiten kann man den von Giuseppe Rallo mit Bedacht renovierten Garten problemlos ansehen. Mo–Fr 9.30–17 Uhr; Fondamenta Rio Marin, Santa Croce 770. (Natur/Seite 73)

32 Festival delle Arti
In der Hoffnung, dass es mit unvermindert guter Laune auch heuer und in den kommenden Jahren wieder stattfindet: www.festivaldelleartigiudecca.blogspot.com. (Kultur/Seite 73)

33 La spiaggia
Der Sandstrand am Lido ist außerhalb der Saison uneingeschränkt zugänglich: Man kann auf den Molen sitzen, lange am Rand der Adria spazieren und seinen Gedanken freien Lauf lassen. Im Sommer sind Teile des Strands privat. (Natur/Seite 74)

34 Trattoria Al Ponte di Borgo
Der Garten ist sehr schön, ich aber ziehe den Gastraum oder die unprätentiösen Tische und Bänke neben dem Eingang zur Trattoria vor. März–Oktober, Di–So 9–22 Uhr (Küche mittags u. abends; dazwischen: cicchetti); Via delle Mercerie 27, Malamocco, Tel. (+39) 041 770099. (Kulinarik/Seite 75)

35 La Biennale di Venezia
Die Kunstbiennale findet in allen ungeraden Jahren statt, die Architekturbiennale in allen geraden. Tanz, Film und Theater gibt es jedes Jahr. www.labiennale.org. (Kultur/Seite 79)

36 Magazzini del Sale
In den alten Salzlagern (Zattere, Dorsoduro 266) gibt es auch außerhalb der Biennale interessante Ausstellungen. Bespielt werden sie von der Fondazione Emilio e Annabianca Vedova. Zattere, Dorsoduro 50, Tel. (+39) 041 2410833, www.fondazionevedova.org. (Kultur/Seite 81)

37 Ikona Gallery
Živa Kraus, eine faszinierende Malerin, kam 1971 aus ihrer

Geburtsstadt Zagreb nach Venedig, wo sie 1979 ihre Fotogalerie eröffnete. Das Programm ist erstklassig! So–Do 11–19 Uhr; Campo di Ghetto Nuovo, Cannaregio 2909, Tel. (+39) 041 5289387. mail@ikonavenezia.com, www.ikonavenezia.com. (Kultur/Seite 81)

38 Punta della Dogana
Nicht nur François Pinaults Sammlung zeitgenössischer Kunst ist sehenswert, auch die Räume sind es (und die Blicke aus den Fenstern!). Mo–So 10–19 Uhr; Punta della Dogana, Dorsoduro 2, Tel. (+39) 041 5231680, visite@palazzograssi.it, www.palazzograssi.it. (Kultur/Seite 83)

39 Peggy Guggenheim Collection
Wiederholte Besuche im Guggenheim Museum sind ein wenig wie heimkommen. Vielleicht liegt das daran, dass die Grande Dame der modernen Kunst hier gelebt und nicht nur ausgestellt hat. Mi–Mo 10–18 Uhr; Fondamenta Venier dei Leoni, Dorsoduro 701, Tel. (+39) 041 2405411, info@guggenheim-venice.it, www.guggenheim-venice.it. (Kultur/Seite 87)

40 Fondazione Bevilacqua La Masa
Die Galerie auf der Piazza San Marco bietet ein sehr abwechslungsreich kuratiertes Programm. Mo–Sa 10–19 Uhr; Piazza San Marco, Procuratie Nuove, San Marco 71/c, Tel. (+39) 041 5237819, info@bevilacqualamasa.it, www.bevilacqualamasa.it. (Kultur/Seite 87)

41 Vento di Venezia
Das Unternehmen, für das Mathias Lühmann als Bootsbauermeister arbeitet, ist ein Service-Zentrum für Segel- und alle anderen Boote. Zur Marina auf der kleinen Insel Certosa gehören auch ein Hotel und eine Segelschule. Isola della Certosa, Tel. (+39) 041 5208588, info@ventodivenezia.it, www.ventodivenezia.it. (Handwerk/Seite 94)

42 Vogalonga
Jedes Jahr im Mai treten Ruderer aller möglichen und unmöglichen Boote an, den Canal Grande und die Lagune für sich zu erobern. Mehr als 6000 Männer und Frauen jeden Alters (und nicht nur Venezianer) trainieren monatelang für die 30 km lange

Route. Das Ganze ist ein großer Spaß und kein Wettbewerb. www.vogalonga.it. (Skurriles/Seite 95)

43 Arzanà

Der gemeinnützige Verein restauriert u. a. traditionelle Boote der Lagune, bewahrt aber vor allem auf unterschiedliche Weise eine der großen Traditionen Venedigs. Calle delle Pignatte, Cannaregio 1936/d, associazionearzana@gmail.com, arzana.org. (Handwerk/Seite 96)

44 Squero di San Trovaso

Auf dem freien Platz zwischen den Holzhäusern werden Gondeln repariert und nach wie vor gebaut. Campo San Trovaso, Dorsoduro 1097, info@squerosantrovaso.com, www.squerosantrovaso.com. (Handwerk/Seite 96)

45 Ca' Tron

Während des Studienjahres kann man tagsüber einfach in den Palazzo gehen und sich zumindest den *portego* in der Beletage mit den Gemälden von Louis Dorigny sowie den Garten ansehen. Corte Dandolo, 1957 Santa Croce (Skurriles/Seite 98)

46 Basilica Santi Maria e Donato

Die Basilika stammt aus dem 12. Jahrhundert, ist damit eine der ältesten der Lagune und unbedingt sehenswert. Allein dem Bodenmosaik kann man Stunden widmen. Murano, Campo San Donato. (Geschichte/Seite 101)

47 Laguna B

Hinter diesem Namen verbirgt sich Marie Brandolini, die vor etlichen Jahren begann, die Glaskunst Muranos individuell und neu zu interpretieren. Bekannt sind vor allem ihre *goti* genannten Bechergläser, die man u. a. im Museumsshop der Punta della Dogana bekommt. Tel. (+039) 041 5233035, lagunabb@tin.it, www.lagunab.com. (Handwerk/Seite 104)

48 Consorzio Promovetro Murano

Das Consorzio repräsentiert mehr als 70 Hersteller von authentischem Muranoglas und bietet auch die Organisation von Werkstättenbesuchen an. Campo San Bernardo 1, Murano, Tel. (+39) 041 5275074, info@promovetro.com, www.promovetro.com. (Handwerk/Seite 104)

49 Scarpa-Volo
Der alte, ummauerte Weingarten auf Mazzorbo, der jahrhundertelang bewirtschaftet wurde, drohte eine Brache zu werden, bevor ihn die Familie Bisol zu neuem Leben erweckte. (Natur/Seite 106)

50 Venissa
Ein erstklassiges Restaurant auf dem Areal des Scarpa-Volo mit einem sehr gepflegten Agriturismo. Im Winter geschlossen; Fondamenta Santa Caterina 3, Isola di Mazzorbo, Tel. (+39) 041 5272281, info@venissa.it, venissa.it. (Kulinarik/Seite 106)

51 Museo del Merletto
So viel feinste Spitze bekommt man nie wieder zu sehen! Di–So 10–18 (April–Oktober) oder 10–17 Uhr (November–März); Piazza Galuppi 187, Burano, Tel. (+39) 041 735471, museo.merletto@fmcvenezia.it, museomerletto.visitmuve.it. (Handwerk/Seite 108)

52 Cantinone già Schiavi
Wer einmal hier war, kommt immer wieder. Das gilt für Gäste der Stadt ebenso wie für Venezianer. Mo–Sa 8.30–21.30 Uhr; Fondamenta Nani, Dorsoduro 992, Tel. (+39) 041 5230034. (Kulinarik/Seite 116)

53 Osteria Al Portego
Das Publikum ist heterogen (auch was das Alter betrifft), Weine und Speisen homogen ausgezeichnet. Mo–Sa 10.30–15, 17.30–23 Uhr; Calle della Malvasia, Castello 6015, Tel. (+3≠9) 041 5229038. (Kulinarik/Seite 117)

54 Do Spade
In einer schmalen Gasse, nur ein paar Minuten vom Rialto entfernt, befindet sich dieses *bàcaro*, das bereits im 16. Jahrhundert bestand. Tägl. 10–15, 18–22 Uhr; Calle delle Do Spade, San Polo 860, Tel. (+39) 041 5210583, cantina2-spade@yahoo.it, www.cantinadospade.it. (Kulinarik/Seite 117)

55 Ca' d'Oro
Das Goldene Haus, so die wörtliche Übersetzung, ist ein leichtgewichtiger, kapriziöser Palazzo auf der de-citra-Seite des Canal Grande. Man ist fast dankbar, dass die Vergoldungen und die ultramarinblaue Bemalung der Fassade längst verschwunden sind. Solche Schönheit wäre kaum noch zu ertragen. (Skurriles/Seite 117)

Barbara Sternthal, in Wien promovierte Theaterwissenschaftlerin, arbeitete in der Werbung, als Regieassistentin bei George Tabori und war Cheflektorin in einem renommierten Verlag, bevor sie sich selbstständig machte. Heute schreibt, übersetzt und gestaltet sie Bücher.
Ihre Themen: Biografien über Freud, Klimt u. a., Reisen, Kunst, Kultur und Architektur.
Sie lebt in Wien und wann immer möglich in Venedig.

Ponte della Libertà
Isola del Tronchetto
Stazione Ferroviaria San Lucia
CANNAREGIO
Canal Grande
SANTA CROCE
SAN POLO
DORSODURO
Canal Grande
Canal G
Canale della Giudecca
La Giud
11
37
16
43
28
45
31
25
55
54
24
22
13
14
12
6
52
44
39
27
26
32
29